AF396988

MÉMOIRE

SUR

.LA NAVIGATION INTÉRIEURE;

OBSERVATIONS

SUR L'OPÉRATION PARTICULIERE

ORDONNÉE PAR LE GOUVERNEMENT

POUR PRÉPARER L'OPÉRATION GÉNÉRALE

PRÉSENTÉE ICI SOUS TOUS SES RAPPORTS.

Suite de l'Ouvrage préliminaire au Traité général,

PAR M. ALLEMAND,

Conservateur général de la Navigation de la Garonne , Associé Amateur de l'Académie de Peinture , Sculpture , d'Architecture Civile & Navale de Marseille, ancien Conservateur des Forêts de l'Isle de Corse.

A PARIS,

Chez PRAULT, Imprimeur du Roi, Quai des Augustins, à l'Immortalité.

M. DCC. LXXXV.

Avec Approbation & Privilege du Roi.

AVERTISSEMENT.

Flatté d'avoir obtenu de Sa Majesté l'agré-
ment de lui dédier notre Traité général de la
Navigation intérieure, approuvé par l'Académie
des Sciences, nous aurions fait tous nos efforts
pour le publier dans ce moment, si un obstacle
puissant ne s'y étoit opposé. Nous avons reconnu
qu'un ouvrage de cette nature, qui devoit embrasser nécessairement la description physique,
politique & économique de nos fleuves & rivieres,
exigeoit absolument la connoissance locale de tous
les objets que renferme cette partie, ainsi qu'on
en sera pleinement convaincu par le plan d'opérations préliminaires à l'extension de la navigation, présenté dans la troisieme Section de cet
ouvrage.

Comme ce n'est point un motif mercenaire
qui nous a fait concevoir le projet de traiter cette
branche d'administration, mais uniquement le
désir de mériter l'estime de nos concitoyens &
du Gouvernement, nous n'avons pas cru devoir,

A ij

par trop de précipitation, nous expofer à perdre
les fuffrages que nous a mérité notre effai ; nous
nous félicitons d'avoir été affez prudens pour
n'aller que pas à pas dans une entreprife auffi
vafte, qui, par les opérations qu'elle embraffe,
& les avantages infinis qui doivent en réfulter,
devient l'entreprife de l'Etat.

C'eft auffi la marche que le Confeil a cru
devoir fuivre, en ne faifant d'abord qu'une opération particuliere qui nous a été confiée, pour
préparer l'opération générale ; & c'eft d'après
cette expérience, & les obfervations qu'elle nous
a mis à portée de faire, que nous avons de nouveau rédigé notre plan général d'adminiftration
& les moyens de l'exécuter, que nous préfentons
aujourd'hui au Gouvernement.

MÉMOIRE

SUR

LA NAVIGATION INTÉRIEURE.

L a Navigation intérieure eſt reconnue par toutes les Puiſſances pour être le germe des proſpérités publiques ; elle favoriſe la Population, vivifie l'Agriculture, introduit les Arts, le Commerce, & eſt l'aliment de la Navigation maritime : aveu qui condamne l'indifférence où nous avons été long-tems ſur cette partie importante, réduite aujourd'hui dans un état qui mérite toute l'attention du Gouvernement.

L'Eſpagne, qui paroiſſoit être dans une profonde léthargie ſur ſon adminiſtration intérieure, donne aujourd'hui tous ſes ſoins aux objets d'induſtrie ; elle vient d'exécuter le canal d'Aragon, de trente-deux lieues de longueur, entrepris & abandonné par Charles-Quint, & qui, ſuivant la deſcription qu'on nous en donne, ſemble le diſputer au canal de Languedoc, ſoit par les obſtacles qu'il a fallu vaincre, ſoit par ſa largeur & ſa profondeur, ſoit enfin par ſes deux objets d'utilité, la navigation & l'arroſage. C'eſt au génie & au zele de Don Raymond

Pignatelli qu'on a l'obligation d'avoir fu vaincre les grandes difficultés qui s'oppofoient à l'exécution de ce canal.

Le Portugal, qui ne s'étoit jamais occupé de ces opérations, en a également reconnu l'importance. L'Académie des Sciences de Lisbonne a tenu une affemblée publique le 17 Janvier dernier, dans laquelle elle a adjugé le prix qu'elle devoit diftribuer cette année, au fieur Guillaume de Valleré, Auteur d'un mémoire fur l'utilité d'un canal à conftruire dans la province d'Alentejo, pour faciliter le tranfport des productions de cette province jufqu'au Tage. Ce mémoire offre en même tems le projet du canal, les détails rélatifs à fa conftruction, & le tableau de la dépenfe.

Le Danemarck ayant réfolu, il y a quelques années, d'opérer, dans la province de Holftein, la communication de la mer du Nord avec la mer Baltique, a également eu le plus grand fuccès dans fon entreprife. Par cette voie, les vaiffeaux de 96 à 100 pieds de quille, tirant 9 à 10 pieds d'eau, évitent le Cattégat, le détroit du Sund, & un trajet dangereux d'environ deux cent milles; ils ne mettent, par le canal, que dix heures pour fe rendre d'une mer à l'autre, & les frais ne font que d'environ cent douze livres tournois.

Le Prince Oginsky ne s'eft jamais rebuté d'une des plus grandes entreprifes en ce genre; il vient enfin d'établir, par la Pologne & les rivieres Przypiu & de Szezara, la communication de la mer Noire & de la mer Baltique.

On en établit une autre qui ne fera pas moins avantageufe au commerce de la République; c'eft celle des rivieres de Piné & de Muchawiec avec la Viftule & le Nogat. Le canal que l'on creufe pour cet effet a huit milles de longueur.

L'Empereur fait actuellement ouvrir un canal en Hongrie, depuis la ville de Témefwar jufqu'à Témefm, pour opérer la communication du Danube avec la Save, & de-là avec la mer Noire & la mer Adriatique. Le Département de la Navigation intérieure a foin de faire lever tous les obftacles qui s'oppofent à une libre navigation fur toutes les rivieres des États héréditaires ; il s'occupe auffi d'en rendre navigables plufieurs autres.

Le canal entrepris par Charlemagne en 792, pour établir par le Mein la communication du Danube avec le Rhin, paroît aujourd'hui fixer toute l'attention de l'Empereur. Des Ingénieurs ont reconnu les lieux & pris tous les renfeignemens relatifs à cette grande opération : il fe trouve différens feuils pour creufer ce canal, & on n'a point encore déterminé précifément celui auquel on donnera la préférence.

L'importance que Jofeph II attache, avec raifon, à l'ouverture de l'Efcaut, doit bien nous convaincre des avantages immenfes de la Navigation intérieure.

La Czarine ne ceffe auffi de donner toute fon attention à cette partie. Le Gouvernement fait actuellement creufer plufieurs canaux, & on vient enfin de faire fauter les rochers qui embarraffoient encore le Nieper, par lequel le canal d'Oginsky établit la communication de la mer Noire avec la mer Baltique ; ce fleuve, autrefois rempli d'écueils qui rendoient la navigation très-dangereuse, ne présente plus aucun danger.

Le Roi de Prusse, quoiqu'ayant une Navigation circulaire, vient encore d'assigner des fonds considérables pour faire creuser plusieurs canaux dans la Marche Electorale.

En Angleterre, si les travaux pour l'extension de la Navigation intérieure cessent pendant la guerre, à la paix ils sont aussi-tôt repris; outre plusieurs canaux auxquels on travaille, le Gouvernement paroît absolument décidé à faire exécuter en Ecosse le projet de la communication des deux mers à travers ce Royaume, entre Loch-fine & Loch-grinan, qui ne sont séparés que par un isthme de cinq milles, & on assure que la dépense que pourroit occasionner cette jonction, ne monteroit pas au-dessus de 17,000 liv. sterling. Les avantages de cette opération sont inappréciables, tant parce qu'elle éviteroit au navigateur des périls sans nombre, que par les facilités qu'elle lui procureroit pour se rendre d'un Royaume à l'autre. L'établissement des pêcheries sur les côtes d'Écosse concourt aussi infiniment à l'ouverture de ce nouveau débouché de navigation.

Le canal qui doit joindre la Tamise, l'Issi, & la Severn paroît absolument résolu. La Cour des Aldermans, après avoir entendu le rapport des Commissaires, a requis ceux de ses membres qui ont séance dans la Chambre des Communes, de ne perdre ce bill de vue dans aucun de ses progrès, & de veiller à ce qu'il ne contînt aucune clause nuisible aux intérêts de la ville de Londres.

Washington.

Washington, femblable à ces Romains qui, après avoir fervi la Patrie au-dehors, la fervoient au-dedans avec une utilité encore plus réelle, s'occupe fortement des progrès de la Navigation intérieure des États-unis; il a formé le projet de débarraffer les lits des fleuves & rivieres, des cataractes, & autres encombres qui en interrompent le cours, & d'ouvrir des canaux de communication d'un État à l'autre, ainfi qu'avec les fleuves de Saint-Laurent & de Miffiffipi.

Dans une affemblée des plus nombreufes, qui a eu lieu à Alexandrie le 15 Décembre 1784, entre les Députés de cet État & ceux du Mariland, pour délibérer fur les moyens les plus propres pour perfectiomner & augmenter la Navigation de la riviere Potowmack, il a été arrêté d'une voix unanime, que le bien public exigeoit qu'on mît en ufage tous les moyens pour rendre le cours de cette riviere navigable, auffi haut qu'il feroit poffible : en conféquence de cet arrêté, il fut adreffé des requêtes motivées au Corps légiflatif des deux États, dans lefquelles on demandoit qu'il fût formé une Compagnie pour exécuter ce projet, & qu'on lui accordât tous les encouragemens néceffaires pour en faciliter la réuffite : on n'avoit pas le moindre doute que ces demandes ne fuffent favorablement accueillies.

Après cette affemblée, le Généraliffime Washington & le Général Gattes fe font rendus dans le Mariland, au nom de l'État de Virginie, pour convenir d'un plan. La Compagnie qui s'eft offerte pour l'ouverture de cette riviere, s'engage à la rendre navigable en trois ans, depuis fa fource jufqu'aux grandes chûtes, c'eft-à-dire,

dans un cours de plus de deux cent milles, & de ter-
miner cette opération, jusqu'à son embouchure, en dix
autres années. Le Corps légiflatif de Virginie, convaincu des grands avantages qui devoient réfulter de
cette opération & autres de ce genre, a été magnifique
dans les récompenfes accordées à Washington; ce Général
a été gratifié, à titre de propriété, de cinquante lots dans
la nouvelle navigation de la riviere de Potowmack, qui
font évalués à 100 livres fterling chacun; & cent lots
dans celle de la riviere James, évalués à 200 piaftres
chacun; ce qui forme en tout 42,000 piaftres. On voit
qu'un des premiers foins de cette République naiffante,
eft donné à la liberté du cours des fleuves & rivieres
& à la conftruction des canaux.

Un Empire qui fe fuffiroit à lui-même, qui n'auroit
rien à craindre de fes voifins, & qui feroit privé de tout
commerce extérieur, ne pourroit abfolument fe paffer
d'une Navigation intérieure; fans elle, il feroit impoffible
aux provinces de fe fecourir dans les difettes, & de fe
procurer réciproquement, dans toutes les circonftances,
les objets néceffaires à la vie: à plus forte raifon eft-elle
de la plus grande importance chez une Nation guerriere
& commerçante comme la nôtre, où d'ailleurs les Arts
font cultivés avec diftinction, & qui peut tirer de fon
fol fa principale richeffe.

Il eft généralement reconnu que notre Navigation
intérieure a effuyé une diminution confidérable, & que
ce qui nous en réfte eft gêné par une multitude d'entraves introduites dans les lits des fleuves & rivieres par
la barbarie des fiecles, abus qu'il eft très-important de

détruire, & qui ne peut subsister davantage dans un siecle si éclairé & sous un Gouvernement si bienfaisant. Les plaintes continuelles du navigateur & du commerce, font une preuve bien convaincante des grandes difficultés qu'éprouve par-tout la navigation. Plusieurs rivieres qui étoient autrefois navigables, nous refusent aujourd'hui leurs secours pour les débouchés des productions des contrées les plus fertiles. N'est-il pas étonnant que le plus grand nombre de nos villes capitales, que même des provinces entieres, aient négligé de se procurer la navigation sur les rivieres dont elles font arrosées? Il l'est encore plus que celles qui jouissoient de ce précieux avantage s'en soient laissé priver.

Qui pourroit se persuader que la capitale du Royaume ait perdu sur la Seine, sa mere nourrice, plus de vingt-cinq lieues de navigation pour bateaux sur les meilleurs sols de la Champagne & de la Bourgogne? C'est cependant un fait qu'on ne peut révoquer en doute. Plusieurs ordonnances rendues récemment par l'Administration de la ville de Paris, au sujet des encombres qui se trouvent sur ce fleuve & sur les rivieres qu'il reçoit dans son cours, démontrent jusqu'à quel point de licence se portent les riverains. Les moyens extrêmes & dangereux qu'emploie cette Administration pour réprimer ces abus, en autorisant les Patrons & les Mariniers à détruire ou enlever arbitrairement tout ce qui peut gêner la navigation (1), peuvent en faire commettre de plus grands que ceux auxquels on avoit en vue d'obvier.

______

(1) Ordonnance du 30 Avril 1784.

La Navigation de la Seine & de ſes affluens n'intéreſſe pas ſeulement la ville de Paris, mais auſſi toutes les provinces qu'ils arroſent, & généralement le Royaume; il eſt donc très-abuſif que cet intérêt général ſoit confié à une Adminiſtration municipale, qui n'a & ne doit avoir aucune miſſion pour en être chargée, & qui a même négligé au dernier point, relativement à cette partie, ſon intérêt particulier. Au contraire, l'Adminiſtration générale chargée de la police de ces rivieres & de l'extenſion de la navigation, comme elle le doit être néceſſairement, en veillant à l'intérêt général du Royaume, veille en même tems à l'intérêt particulier des provinces & de la capitale. Si la ville de Paris croit avoir un intérêt particulier de contribuer à l'extenſion de la Navigation de la Seine & de ſes affluens, le Gouvernement peut l'autoriſer pour ces opérations, indépendantes de l'exercice de la police ſur les fleuves, rivieres & canaux, comme il le fait à l'égard des provinces qui ont des fonds à y deſtiner.

Le Corps de la Bourgeoiſie de Londres eſt le conſervateur de la partie du cours de la Tamiſe, depuis le pont de Londres juſqu'au Nore; & de la Medway, depuis Rocheſter juſqu'à Sheerneſs, mais point au-delà, ni d'aucun autre affluent de la Tamiſe, par la raiſon que nous venons de donner ci-deſſus au ſujet de la Seine & de ſes affluens.

Sur les canaux il ſe commet des abus d'un autre genre, ſoit qu'ils ſe trouvent ſouvent mal entretenus, ſoit qu'on y éprouve des retards par d'autres cauſes; ainſi l'œil du Gouvernement y devient auſſi abſolument néceſſaire.

Il eſt inconcevable qu'une branche des plus intéreſſantes

de l'Adminiſtration reſte dans la confuſion & le déſordre pour des intérêts particuliers. Une partie eſt jointe au département des Ponts & Chauſſées ; une autre partie eſt confiée au Procureur général de la Commiſſion des Péages ; une troiſieme à l'Adminiſtration de la ville de Paris ; une quatrieme enfin eſt au pouvoir des Officiers des Eaux & Forêts, toutes les fois qu'ils y trouvent leur intérêt ; & la plus grande partie eſt ſans adminiſtration, abandonnée à l'avidité des riverains ; en général, on voit ſouvent une même affaire portée à pluſieurs départemens, c'eſt ce qui vient encore d'arriver au ſujet des travaux qu'on fait exécuter ſur la riviere d'Aiſne, relativement au canal qu'on doit ouvrir en Champagne (1).

---

(1) Cette communication n'entre point dans l'enſemble de ces opérations, attendu les deux canaux qu'il eſt indiſpenſable d'ouvrir ; l'un, de l'Oiſe à la Sambre, pour établir une communication directe avec la Hollande par la Meuſe ; & l'autre, pour opérer celle de la Manche au Rhin, par la Lorraine. Il n'eſt pas douteux qu'on ne tombe toujours dans des inconvéniens, tant qu'on ne partira pas d'un enſemble. Le canal ſouterrain de Picardie & celui de Bourgogne par Dijon, en ſont encore une preuve convaincante ; l'entrepriſe de ce dernier a failli priver la Nation, peut-être pour long-temps, du canal de Charolois, auquel les États de Bourgogne font travailler, & qui doit ouvrir une des plus importantes communications qu'il y ait à opérer dans le Royaume.

Voici les objections qu'a faites M. Perronnet ſur la diſcuſſion du projet du canal par Dijon, & qu'il s'eſt cru en droit de placer en marge de notre Traité général de la Navigation intérieure, lorſqu'il étoit entre les mains du Cenſeur, M. Cadet de Saineville. Cet Ingénieur dit : » Que les objections de M. Allemand » ſont tirées d'un Ouvrage fait par M. Thomaſſin, pour faire donner la préfé- » rence au projet qu'il avoit formé pour faire paſſer le canal par les étang » de Long-pendu en Charolois. On ne connoît que M. Thomaſſin qui ait im- » primé contre le canal par Dijon. Quand même on exécuteroit le canal par » Long-pendu, celui projetté par M. Abeille, paſſant par Dijon, Pouilly, & » Tonnerre, & auquel le Roi fait travailler depuis quatre ans, bien loin de » mériter la cenſure de l'Auteur, a toujours été préféré par les Ingénieurs,

Par-tout on ne voit dans cette partie que l'anarchie, source de tous les abus. Qu'est-il arrivé de là ? La perte

---

» autres que M. Thomaſſin, qui l'ont examiné. On renvoie, pour être mieux
» en état d'en juger, au Mémoire qui eſt imprimé dans l'Ouvrage de M. de la
» Lande, pag. 236 & ſuivantes. Les eaux du point de partage pour le canal de
» Briare ſont à peine ſuffiſantes pour la Navigation qui y eſt établie ; & celles de
» la Loire, entre Dijon & Briare, eſt très-difficile & incertaine, une grande partie
» de l'année ; ce qui ne permettroit pas d'en établir une nouvelle, auſſi grande que
» doit l'être celle du canal de Bourgogne par Dijon, Pouilly, & Tonnerre. Il paroît
» au ſurplus que l'on n'a pas compté toutes les éclufes du canal de Loing dans le
» nombre de celles qui ſont citées dans cet Ouvrage. Le canal par le Beaujolois,
» en ſuivant la Loire, le canal de Loing & de Briare, auroit les mêmes incon-
» véniens mentionnés ci-devant, que le canal paſſant par les étangs de Long-
» pendu. On ne ſauroit ſe ſervir de chevaux le long de la Loire. L'eſſai qui en a
» été fait, n'a pas réuſſi. La Saône eſt plus long-temps navigable que la Loire ;
» on obſerve ſeulement de diminuer la charge lors des baſſes eaux, ainſi qu'on
» le pratique ſur la Seine «.

D'abord la premiere aſſertion de M. Perronnet eſt deſtituée de tout fondement ;
outre l'Ouvrage de M. Thomaſſin, il y a celui d'un Conſeiller au Parlement de
Dijon, publié en 1775, qui démontre les avantages infinis du canal de Charolois
ſur celui par cette capitale de la Bourgogne. Ses autres aſſertions ne ſont pas
plus fondées. Les trois plus grands Miniſtres que la France ait eus, ont donné la
préférence au canal par le Charolois, ainſi que les plus habiles Ingénieurs ; l'entreprife a été mife pluſieurs fois aux encheres ; mais les guerres ont toujours mis
obſtacle à l'exécution, comme il eſt prouvé dans notre Ouvrage préliminaire, pag.
62 & ſuivantes, & encore mieux prouvé dans notre Traité général, où M. Perronnet a indiſcrétement placé ſes objections. Il a dû voir que les Sully, les Riche-
lieu, les Colbert ont toujours préféré les feuils de Charolois & de Beaujolois,
ainſi que les Defcure, les Franchini, les Chamois, les Renau, ces célebres Ingénieurs, qui ne pouvoient être inconnus à M. Perronnet : le Mémoire dont il
parle ne prouve rien, il ne contient que ſes objections, que l'on rapporte ici.
Ce n'eſt qu'en été & au commencement de l'automne qu'il peut manquer d'eau
au point de partage du canal de Briare ; mais il eſt facile d'y en amener de
nouvelles par le moyen de quelques travaux ; nous croyons auſſi qu'on peut trouver
des moyens pour ne pas tant en dépenſer. Les grandes difficultés qu'éprouve la
navigation ſur la Loire n'arrivent auſſi ordinairement que dans ces ſaiſons ; mais
alors elle éprouve le même inconvénient ſur toutes les rivieres. M. Antoine, Sous-

d'une grande partie de notre Navigation intérieure &
de notre Agriculture.

Ingénieur des Etats de Bourgogne, dans son ouvrage sur la navigation de cette
province, reconnoît cette vérité; & les différentes autorités qu'on vient de citer
ci-deſſus, achevent de détruire l'objection de M. Perronnet. Celle qu'il nous fait
encore au sujet des chevaux, dont on ne pourroit pas, dit-il, se servir sur la Loire,
n'eſt pas plus merveilleuse. Si on ne peut se servir de chevaux, on continuera de
se servir d'hommes, ainſi qu'on en uſe également sur pluſieurs rivieres, & on
pourroit auſſi y employer des bœufs avec ſuccès. Enfin, ſes dernieres objections
n'ont pas plus de fondement : il n'eſt pas vrai que la Saône ſoit plus long-
temps navigable que la Loire ; M. Antoine convient qu'elle ne l'eſt pas pendant
ſix mois de l'année au-deſſus de Châlons, ce qui eſt très-vrai ; elle ſe prend de
glace facilement, attendu le peu de courant de ſes eaux, inconvénient que la
Loire n'éprouve que rarement. A l'égard de l'allégement des bateaux qui ſe fait
ſur la Saône dans les baſſes eaux, n'a-t-on pas la liberté d'en uſer ainſi ſur la
Loire & ſur toutes les rivieres quelconques ? Comment cet Ingénieur a-t-il pu
ſe flatter que de pareilles aſſertions puſſent faire fortune ? Au reſte, le diſcer-
nement & la ſageſſe des Etats de Bourgogne, en admettant le canal par le
Charolois, pour opérer la communication des deux mers par la Bourgogne, &
auquel pluſieurs Régimens ſont employés depuis trois ou quatre ans, détruiſent
entiérement les objections de M. Perronnet.

A l'égard de la repriſe de la conſtruction du canal ſouterrain de Picardie, elle
eſt auſſi inconcevable que l'opération par elle-même, d'après la ceſſation ordonnée
par M. Turgot, le ſeul Miniſtre des Finances qui ſe ſoit montré décidément juſqu'alors pour opérer le rétabliſſement de la Navigation intérieure & lui donner
toute l'extenſion dont elle eſt ſuſceptible, ayant, pour cet effet, ordonné un fonds
de 800,000 liv. & fait créer une Chaire d'Hydroſtatique pour former des ſujets
qui fuſſent entiérement livrés à cette partie importante. Ce Miniſtre éclairé &
Citoyen, recevant de toutes parts des mémoires au ſujet de l'entrepriſe bizarre du
canal ſouterrain de Picardie, chargea M. le Marquis de Condorcet, M. d'Alembert,
& M. l'Abbé Boſſut, d'examiner ſi cette opération étoit praticable ; & d'après le
rapport (1) de ces Savans, qui prouvoit qu'elle ne l'étoit à aucun égard, la
ceſſation des travaux fut ſur-le-champ ordonnée, quoiqu'on eût dépenſé environ
un million. Nous avons auſſi démontré évidemment, par une lettre inſérée dans
le Mercure (2), que ce canal eſt abſolument impraticable pour la Navigation,

(1) Voyez l'Ouvrage de ces trois Académiciens ſur la réſiſtance des fluides.
(2) De 1781, N°. 14, pag. 38 & ſuiv.

L'Académie des Sciences & Belles-Lettres d'Angers vient de propofer de nouveau, pour l'année prochaine, le Prix deftiné par un Prince éclairé, protecteur des Sciences & des Lettres, au meilleur ouvrage fur ce fujet : *Quels font les moyens les plus fimples & les moins difpendieux d'empêcher les débordemens de l'Authion, la ftagnation de fes eaux, & même de rendre cette riviere navigable dans une partie de fon cours ?*

Les moyens qu'exige cette Académie, non-feulement pour rendre l'Authion utile à la fociété, mais encore pour empêcher qu'il ne lui nuife, font les mêmes que nous préfentons dans cet ouvrage pour toutes les rivieres du Royaume, ainfi qu'on en fera convaincu, mais qui font fubordonnés à une vérification des lieux. Le plus grand de ces moyens, c'eft de rendre libre le cours des fleuves & des rivieres, c'eft-à-dire, de les débarraffer des encombres dont ils font remplis ; moyen fimple & peu difpendieux, avec lequel on peut en même tems établir la Navigation

---

& qu'en le faifant à ciel ouvert, où il eft indiqué par la Nature, entre l'Oife, la Sambre, & l'Efcaut, on auroit opéré, à beaucoup moins de frais, deux grandes communications (1) au lieu d'une, celle de la Flandre par l'Efcaut qu'on veut opérer par le canal fouterrain, & celle de la Hollande par la Meufe. M. le Marquis de Condorcet a publié un Mémoire lumineux, où il traite de tous les ouvrages qu'exige le canal fouterrain & de la dépenfe énorme qu'ils entraînent, principalement par la voûte & les banquettes qu'il eft indifpenfable de pratiquer dans toute la longueur du canal de fept mille vingt toifes (trois lieues) ; mais rien n'a pu empêcher de reprendre cette finguliere opération, que les efprits fuperficiels & paffionnés regardent comme une merveille, mais que les gens fenfés & éclairés rejettent hautement : on ne doute point que le temps ne juftifie l'opinion de ces derniers.

(1) Avantage qu'a auffi le canal par le Charolois fur celui par Dijon.

&

& opérer le defféchement des terres inondées fur leurs rives : mais il faut obferver que ce qui peut infiniment contribuer à remplir ce dernier objet, peut nuire beaucoup au premier dans certains cas.

Nous avons remarqué que la premiere idée qui fe préfente prefque à tout le monde, pour rendre une riviere navigable, c'eft de propofer de redreffer & de creufer fon lit ; mais c'eft une erreur en général. Par la premiere opération, bien loin de donner plus de fond à une riviere, on le diminue par un plus prompt écoulement de fes eaux ; & par la feconde, on ne lui en donne que très-momentanément ; car fi, en enlevant des graviers ou vafes du lit d'une riviere, on ne détruit pas les caufes de ces dépôts, il eft très-fûr qu'ils ne tardent pas à fe former de nouveau dans les mêmes endroits ; ce que nous prouvons évidemment dans notre Ouvrage préliminaire, pag. 149 & fuivantes, au fujet des embouchures de nos fleuves. Il faut donc néceffairement concilier les deux opérations ; ce qui ne peut abfolument fe faire que par un profond examen des lieux, afin de pouvoir décider la nature des ouvrages qui conviennent à chaque riviere & dans chaque endroit de fon cours où il en eft befoin.

Il eft évident que ce font les encombres dont les rivieres font obftruées, qui occafionnent fans ceffe des débordemens qui forment ou entretiennent la plus grande partie des marais, dont la totalité occupe une furface immenfe. Le defféchement de ces marais, dont les vapeurs meurtrieres font des victimes fans nombre, rendroit à l'Agriculture des terreins précieux, & procureroit

C

la salubrité aux habitans de ces cantons, sans autres frais que ceux qu'exigent l'exercice de la police & l'extension de la navigation. Il n'est point de travaux plus dignes de la grandeur & de la bienfaisance d'un Souverain, que ceux dont nous présentons l'ensemble, & dans toutes les provinces ce sont, sans contredit, les plus urgens dont puisse s'occuper le Gouvernement.

Le Pape conçoit le noble projet du desséchement des marais Pontins & l'exécute en peu de temps ; opération que Trajan & plusieurs autres Empereurs romains crurent digne de leur plus grande gloire ! Le Pontife ne s'est point borné à cette grande entreprise ; toujours attentif à procurer le bien de ses Etats, il vient de faire examiner s'il est possible d'opérer le desséchement du lac de Colfiorito.

Le Roi de Naples ayant décidé le rétablissement du port de Misene, rendu si fameux par les Romains, a ordonné en conséquence le desséchement des marais de Pozzuole, Baja, & de Misene, pour rendre l'air salubre dans ce canton : les travaux qui ont été faits jusqu'aujourd'hui, promettent le plus grand succès de cette entreprise. Sa Majesté Sicilienne & la famille royale ont été visiter les lieux & les travaux.

L'Empereur a adopté le projet de diminuer & de dessécher en grande partie les lacs qui environnent la ville de Mantoue : on a commencé par le lac de Pajolo, où cinq cens ouvriers sont employés journellement.

On sait que Venise, par une des plus sages administrations, garantit ses provinces des inondations auxquelles elles se trouvent exposées par le Pô & la quantité de rivieres dont elles sont arrosées, sans quoi son territoire ne seroit bientôt qu'un marais. Dans toute cette contrée de l'Europe, on s'occupe fortement aujourd'hui de ces opérations.

La Hollande encore plus industrieuse, a fait sortir de dessous un océan, un territoire immense des plus fertiles, qu'elle défend de cet élément & des crûes des fleuves, par des travaux ingénieux & une vigilance admirable.

On ne sauroit apprécier la quantité de terrein que le Roi de Prusse a recouvré dans ses Etats, en faisant ouvrir des canaux de navigation : on verra évidemment ici la multiplicité des avantages qui sont résultés de ces opérations, dans les Etats de ce Prince.

En France, où le sol a plus de pente, il y a moins d'obstacles à vaincre pour rendre à l'Agriculture des terreins considérables ; il suffit de désobstruer nos fleuves & nos rivieres.

Les marais ne sont pas seulement une privation du terrein précieux qu'ils occupent ; ils sont encore pour les habitans d'alentour & leurs bestiaux, une source intarissable, & de maladies & de destruction.

L'air est un aliment qui, s'insinuant par toutes les parties du corps, y porte un baume, s'il est pur ; y introduit un subtil poison, plus ou moins actif, s'il est vicié. Tous les Médecins de tous les temps donnent à l'air les mêmes effets : les modernes ajoutent, d'après Newton, qu'un sol noir, bitumineux, & gras, tel que celui des marais, qui paroît engendré par la putréfaction, devient une infection pour l'air voisin.

Voltaire, dans son Epître sur l'Agriculture, fait voir

en même temps & en peu de mots, les maux affreux
que caufent les marais & les landes, & les avantages
infinis qui réfulteroient de leur deftruction, & pour
l'Etat & pour l'humanité.

> . . . . . Penfes-tu que retiré chez toi,
> Pour les tiens, pour l'Etat tu n'as plus rien à faire!
> La Nature t'appelle, apprends à l'obferver.
> La France a des déferts, ofe les cultiver.
> Elle a des malheureux; un travail néceffaire,
> Ce partage de l'homme, eft fon confolateur,
> En chaffant l'indigence, amene le bonheur;
> Change en épis dorés, change en gras pâturages,
> Ces ronces, ces rofeaux, ces affreux marécages.
> Tes Vaffaux languiffans qui pleuroient d'être nés,
> Qui redoutoient fur-tout de former leurs femblables,
> Vont fe lier gaiement par des nœuds défirables!
> D'un canton défolé l'habitant s'enrichit, &c.

L'École de Salerne a donné cet avis :

> » D'un égoût, d'un marais craignez le voifinage;
> » Logez loin des vapeurs qui regnent à l'entour «.

M. de Launay, dans fon Hygienne, dit : » Les
» fumées qui fortent des marais, communiquent à l'air
» leur caractere peftilentiel. Quelle fource de maladies,
» fi, comme en été, le fouffle des vents ceffe! On
» refpire avec l'air, le poifon fubtil qu'il contient : cet
» air met les humeurs en fermentation & fe les affi-
» mile. Infortunés habitans des terreins marécageux,
» continue-t-il, fi les accès périodiques de la fievre
» viennent tous les ans vous confumer-là, reconnoiffez
» la véritable caufe! «

Dans *la Méthode pour conferver la fanté*, traduite de

l'Anglois par Préville, il eſt dit : « Ceux qui n'ont au-
» cune obligation d'habiter des climats ſi pernicieux,
» doivent s'en éloigner à grands pas, s'ils ne veulent
» être expoſés à des fluxions, ſquinancies, fievres,
» pulmonies, & mille autres fâcheuſes maladies, preſque
» inévitables; enfin, ils n'offrent qu'un ſéjour de lan-
» gueur & d'infirmités «.

Les Rois d'Egypte avoient prévenu ce fléau par leurs
ſoins. Leur dépenſe & leur munificence avoient pour objet
la ſalubrité du pays; ils deſſéchoient les marais, en conſ-
truiſant des canaux de navigation. Les hiſtoires & les
fables même ſont des monumens de ces bienfaits. La barbarie des Turcs, dans leurs conquêtes, a négligé ces
ſoins; ils ont penſé à ſoumettre l'Egypte, & non à la
conſerver avec ſes avantages; auſſi leur négligence a-
t-elle formé une ſource intariſſable de peſte.

Varron, de re ruſticâ, lib. I, cap. XII, conſeille aux
poſſeſſeurs d'héritages ſitués dans des vallées où les vents
ne parviennent point & où les marais font naître beaucoup
d'exhalaiſons, de les vendre ou de les abandonner. La
Toſcane étant inondée d'eau & très-chaude, Pline nous
apprend dans ſes lettres qu'elle étoit par cette raiſon
regardée comme mal ſaine. Elle l'eſt même encore, au
point que l'air y affecte extrêmement la vue. Vitruve
dans ſon Architecture, conſeille de conſtruire les maiſons de campagne ſans avoir de vue vers les marais à
cauſe des exhalaiſons.

Hipocrate a regardé cette malignité des marais comme
le germe des maladies peſtilentielles. M. Gardane, dans
une hygienne abrégée, dit de cette réunion de chaleur

& d'humidité : » De là viennent ces épidémies si com-
» munes & ces diffenteries opiniâtres qui dévaftent les
» campagnes «.

M. Raulin dit auffi, » qu'on voit très-fouvent fe
» répandre des maladies épidémiques près des endroits
» où les eaux ont croupi, après les débordemens des
» rivieres «. Selon M. Senac, fous l'Empereur Fré-
déric II, des pluies continuelles enflerent beaucoup les
eaux du Tibre, & le débordement fut fuivi d'une pefte
qui défola la ville de Rome, où, de vingt malades,
à peine en échappoit-il un à la violence du mal. Les
habitans d'Orviete, de Balnéorégio, de Pefaro, de
Forenfo, fubirent le même fort. Au quinzieme fiecle,
le débordement des rivieres répandit ce fléau dans toute
la Sicile.

En Corfe, on a vu périr des Grenadiers pour avoir
refté cinq ou fix jours feulement dans le voifinage des
marais d'Aleria, de Sagonne, &c.

Selon l'avis aux gens de la campagne, par M. Didelot,
la plûpart des maladies inflammatoires font occafionnées par
l'air mal fain qu'on refpire ; il fait infiniment plus de mal
au corps que les fautes qu'on commet contre le régime.
Les eaux croupiffantes, les amas de boue, les végétaux
corrompus & autres fubftances femblables, y portent l'in-
feſtion. Les exhalaifons qui en fortent forment journellement des maladies putrides, & font des ravages affreux.
C'eft ainfi que des millions d'hommes fe trouvent em-
poifonnés par la refpiration continuelle d'un air mal
fain.

M. Cofte, dans fon Traité des maladies de poumon,

dit : „ Les endroits où les eaux féjournent, exhalent
„ plus ou moins un air mal fain. En été, il tue une
„ quantité de perfonnes. Il eft plus redoutable que la
„ pefte ; parce que, quand celle-ci s'annonce, tout le
„ monde fuit, au lieu qu'on ne foupçonne pas même
„ que l'autre puiffe être nuifible, & qu'on le refpire
„ conftamment. A combien de maux fâcheux ne font
„ pas fujets ceux qui habitent aux environs des marais,
„ en été fur-tout ? Vous verrez l'air, le premier prin-
„ cipe de la vie, l'être de la mort, dès qu'il n'eft plus
„ pur. Tous les Médecins obfervateurs ont par-tout
„ reconnu dans les exhalaifons puantes, de quelque part
„ qu'elles procedent, une caufe affurée de la deftruction
„ de l'efpece humaine „.

M. Betbeder, Médecin à Bordeaux, rapporte dans fes
Mémoires, ainfi que la Société Royale de Médecine, que
deux ruiffeaux, à l'occident de cette ville, formoient un
marais qui occafionnoit prefque tous les ans une maladie
peftilentielle ; le Parlement a été forcé plufieurs fois, pour
fe préferver de la contagion, de tenir fes féances dans
d'autres lieux de fon reffort. La pefte y ayant exercé fes
ravages en 1604, le Cardinal de Sourdis réfolut de délivrer la ville de ce fléau. Ce marais lui en parut la fource;
il en fit faire à fes frais le defféchement, & depuis, la
pefte ne s'eft plus manifeftée à Bordeaux.

L'influence des marais de toute eau croupiffante & du
limon répandu dans les prairies par le débordement des
rivieres, fur la fanté du bétail, étant également reconnue
par tous les Médecins pour être le germe des épizooties,
l'Etat a le plus grand intérêt de le détruire dans fon prin-

cipe. Suivant des réflexions fur la maladie du gros bétail, par la Société des Médecins de Genéve, une épizootie qui avoit commencé en 1711 à Venife, par un bœuf venu de Dalmatie, y détruifit prefque tous les animaux, de même qu'en Milanois où elle avoit auffi régné. Elle en fit périr foixante-dix mille en Piémont ; & s'étant communiquée en France, elle ruina le Dauphiné, le Lyonnois, la Bourgogne, l'Alface, & la Lorraine : toutes les provinces, depuis 1744, ont été ravagées fucceffivement de ces épizooties. La Guienne & la Gafcogne fe reffentent encore de celle qu'elles ont effuyée il y a quelques années. Il eft beaucoup d'exemples qu'une épizootie peftilentielle, fur les beftiaux, a communiqué aux hommes une pefte. Nous en avons un exemple local & très-récent dans la Champagne. Cette province fut attaquée cruellement en 1744, d'une épizootie endémique. L'année fuivante, une épidémie affreufe y enleva un grand nombre de Citoyens.

Il s'eft manifefté depuis quelques années dans la Marche Electorale de Brandebourg, une maladie épizootique contagieufe, dont un des fymptômes eft le brifement des os; le bétail tombe dans un état de maigreur telle que l'épine du dos perce & fe brife. On a attribué cette maladie à l'ufage d'une plante qu'on a nommée à cet effet *gramen offifragum*. Le favant Gléditfch vient de publier un mémoire, dans lequel il détruit cette opinion ; il prouve que les accidens qu'on a fpécialement attribués à cette plante lui font étrangers ; mais que des marais nouvellement deffechés, ne produifant d'abord que des pâturages maigres

&

& dénués des meilleures efpeces d'herbes, forment une mauvaife nourriture pour le bétail, & qu'il s'enfuit une dépravation des humeurs, de laquelle naît une maladie particuliere, dont le ramoliffement & le brifement des os font des fymptômes.

Il eft certain que jufqu'à ce que l'air, le foleil, les gelées aient purifié le fol defféché, les herbes qui y croiffent d'abord ne peuvent être que de mauvaife qualité; mais elles en acquerent bientôt une bonne par le moyen de ces agens, & d'autres encore, tel que le feu par le brûlement des plantes fur le fol.

On feroit un grand nombre de volumes, fi l'on rapportoit tous les défaftres que caufent les marais.

Il n'eft aucun doute que les vapeurs des marais, portées à un certain degré de corruption, ne foient mortelles; & il fe trouve en France tant de ces cloaques empeftés, qu'ils doivent fixer l'attention du Gouvernement.

Mais que ne doit-on pas attendre à cet égard de Sa Majefté, qui, depuis fon avénement au trône, n'a ceffé de donner des preuves de difcernement & de fageffe? Les defféchemens qu'elle a fait faire aux environs de Rochefort; les encouragemens qu'elle donne pour la conftruction des canaux de Bourgogne & de Bretagne; les Commiffaires de l'Académie des Sciences qu'elle vient de nommer pour l'examen des feuils de différens canaux de communication, à conftruire entre la Loire & la Seine; la protection qu'elle a daigné accorder à notre Traité général, en agréant qu'il parût fous fes aufpices, font d'heureux préfages qu'elle daignera ac-cueillir notre Plan général d'adminiftration, pour la

D

liberté & les progrès de la Navigation intérieure , d'où réfultera le defféchement de la plus grande partie des marais ; ces opérations feront les monumens les plus durables de la gloire de Sa Majefté , & contribueront au bonheur de fes peuples & de la poftérité.

La France eft le pays de l'Europe qui jouit des plus grands avantages par fon heureufe fituation , fa fertilité & la variété des productions de fon fol. Avec fes fleuves & la multitude de rivieres dont elle eft arrofée, on peut facilement établir une Navigation circulaire , qui vivifieroit toutes les parties languiffantes , & communiqueroit aux quatre mers. Il eft , dans ce fuperbe Empire , comme l'a dit (1) le Miniftre des Finances, de grandes ressources ! Pourquoi différer d'en faire ufage ? Toutes celles que déploient les Puiffances de l'Europe par leur fage adminiftration rurale , nous invitent à fortir de notre inertie à cet égard.

Ce ne peut être que dans le fol de la France que ce Miniftre apperçoit , comme nous , de grandes reffources ! C'eft donc fur cet objet fécond & inépuifable , négligé dans beaucoup de cantons, que l'Adminiftration doit porter fes regards. Le fol fe divife naturellement en trois parties de première néceffité , l'Agriculture, la Navigation , & la Minéralogie ; chacune d'elles mérite les premiers foins du Gouvernement , puifque toutes les autres parties de l'Adminiftration en dérivent. Il n'y a eu jufqu'ici que celle de la Minéralogie , qui ait fixé particuliérement fon attention ; on en a formé

---

(1) Difcours à la Chambre des Comptes , à fon avénement au Miniftere.

un Département qui en affure les progrès. La néceffité abfolue de ce Département ayant été reconnue, celle d'un pareil établiffement fe fait encore bien
plus fentir pour les deux premieres parties : leur importance, à tous égards, & les abus de tous genres qui y
regnent, l'exigent abfolument. Ce n'eft que par des
adminiftrations particulieres & des encouragemens, que
l'on peut retirer de ces trois parties du fol, les avantages
immenfes qu'elles préfentent à la fociété. On fait que,
dans toutes Adminiftrations générales, on doit d'abord
penfer aux befoins du préfent ; mais cela n'empêche pas
un grand Adminiftrateur de s'occuper des divers objets
qu'elle embraffe, fufceptibles de grandes améliorations,
par les moyens puiffans que nous préfentons dans cet ouvrage.

Dans un Empire agricole, l'Agriculture doit être la
bafe de l'adminiftration ; toute autre bafe eft fyftéma-
tique, & ne peut jamais conduire au but que fe pro-
pofe le Gouvernement. Tout fuit l'Agriculture ; population, induftrie, commerce, profpérité, crédit & force.
Il n'eft aucune différence de l'adminiftration d'un empire à celle du domaine d'un particulier ; fi celui-ci
donne tous fes foins à l'amélioration de fes terres, elles
lui rapporteront d'abondantes & excellentes récoltes qui
le rendront infailliblement opulent ; fi, au contraire,
il néglige fes terres, le produit diminuera fucceffivement ; & il fe trouvera dans peu réduit aux emprunts
pour fatisfaire aux charges & à fes dépenfes ordinaires ;
les premiers emprunts en néceffiteront de nouveaux, &
bientôt il éprouvera fa ruine. C'eft ainfi qu'arrivent éga-

lement, ou la profpérité des empires agricoles, ou l'embarras des Gouvernemens & la mifere des peuples.

Henri IV & Sully ne virent la profpérité du royaume & le bonheur des peuples que dans l'Agriculture qui fut invariablement la bafe de leur adminiftration. Si Louis XIV & Colbert n'y donnerent pas les mêmes foins, ils furent habilement tirer parti des récoltes abondantes que leurs prédéceffeurs avoient affuré à la nation, par des avances & des travaux ; ils établirent des fabriques, firent fleurir les arts & ouvrirent des débouchés au commerce; ce fut ce qui donna un nouveau degré de puiffance à la monarchie, malgré les longues & difpendieufes guerres que l'État eut à foutenir.

L'unique bafe de l'adminiftration du roi de Pruffe, eft la réunion des principes de ces grands adminiftrateurs de la France. Ce monarque a toujours été convaincu que dans un État agricole, l'Agriculture étoit la fource de toutes les richeffes ; que les avances & les travaux du Gouvernement, contribuoient beaucoup plus aux progrès de l'Agriculture que tous les foins du propriétaire foncier & du cultivateur, dont la plupart font dans l'impuiffance, non-feulement d'entreprendre des défrichemens, mais encore d'améliorer leurs terres cultivées ; qu'on ne pouvoit augmenter la population, l'induftrie & le commerce que par l'Agriculture. Un adminiftrateur des finances ne doit point oublier cet axiôme, *qu'il faut femer pour recueillir*. Auffi ce prince en bon pere de famille, a-t-il deftiné annuellement des fonds confidérables aux progrès de chaque branche d'adminiftration, particuliérement à l'Agriculture & à de nouveaux débouchés de Navigation intérieure. C'eſt par ce moyen qu'avec des États bornés, il a accru ſa puiſſance au point où elle eſt aujourd'hui, & qu'il a rendu ſes ſujets heureux. Avant ſon regne, il y avoit peu de fabriques dans ſes États, preſque point de commerce, & les arts n'y étoient point cultivés ; maintenant tous ces objets y ſont floriſſans. Cette grande proſpérité eſt dûe aux lumieres & aux ſoins paternels de ce monarque, qui ne néglige aucun moyen d'encourager l'Agriculture, les fabriques, le commerce & toutes les branches d'induſtrie. Les ſommes qu'il a accordées pour l'amélioration de ſes États, depuis le mois de Juin 1784 juſqu'au mois de Juin 1785, montent à deux millions deux cent trente-ſix mille cent cinquante-ſix écus, repartis de la maniere ſuivante : à la Marche Électorale, ſept cents trois mille deux cents trente-ſix ; à la nouvelle Marche, cent ſoixante-treize mille cinq cents ; à la Poméranie, deux cents trente-neuf mille quatre cents ſoixante-dix ; à la Pruſſe orientale & occidentale, ſix cents quatre-vingt-ſix mille deux cents vingt-cinq ; à la Siléſie, cent cinquante mille livres ; au Duché de Magdebourg, ſoixante-dix mille ; à la Weſtphalie & à l'Oſt-friſe, deux cents treize mille ſept cents vingt-ſix écus.

Il eſt démontré, par un mémoire très-intéreſſant, dont le baron de Hertzberg, miniſtre d'État, a fait lecture dans la derniere aſſemblée de l'Académie, concernant la population des États en général, & celle des États Pruſſiens en particulier, que la population actuelle des États du roi, eſt de ſix millions d'ames ; que celle de ſes anciens États , qui , avant ſon avénement au trône , n'étoit que de deux millions deux cents mille habitans , eſt à préſent de quatre millions. » Il étoit » réſervé , dit ce miniſtre , au grand roi , dont nous » célébrons aujourd'hui le quarante-ſeptieme anniverſaire » de ſon regne , non-ſeulement de rétablir & de dou- » bler , malgré ſes longues guerres , la population de » ſes anciens États héréditaires , mais encore de la tri- » pler par les provinces nouvellement acquiſes «.

Il eſt auſſi démontré par cette population & celle de la France , qui , ſelon les calculs de M. Moreau , doit avoir vingt-quatre millions d'habitans , neuf cents vingt-neuf mille naiſſances & ſoixante-dix-neuf mille trois cents morts , que les États pruſſiens ont eu un excédent de naiſſances deux fois plus grand que la France , & par conſéquent un progrès de population très-conſidérable dans la même proportion. Si c'eſt une perſpective agréable aux vrais citoyens des États de Pruſſe , elle eſt affligeante pour nous : rien n'eſt donc plus important que d'examiner les cauſes de cette langueur de population en France , & d'y remédier par tous les moyens poſſibles. Nous allons reprendre la ſuite des moyens dont le roi de Pruſſe s'eſt ſervi pour augmenter la population & le bonheur de ſes ſujets , en ſuivant toujours ſon miniſtre lumineux.

» L'Agriculture , dit-il , étant le moyen le plus ſûr » d'augmenter la population , le roi n'a ceſſé pendant » tout ſon regne , de faire rebâtir les villages & les » métairies , qui avoient diſparu par l'injure des tems » paſſés , & d'en faire bâtir même de nouveaux ,

» tout le long des rivieres. La plupart de ces rivieres
» ayant débordé dans les anciens tems, & inondé
» beaucoup de terrein fertile, il les a fait refferrer par
» des digues, & a retiré par ce moyen un nombre
» immenfe d'arpens de terres cultivables & d'excellens
» pâturages, & les a donnés *gratis* à des colons, la
» plûpart étrangers, en leur faifant encore bâtir des
» maifons & acheter le bétail, & tout ce dont ils
» avoient befoin pour leur établiffement, & en leur
» accordant de longues franchifes d'impôt & d'enrô-
» lement «. Le dénombrement de ces établiffemens &
défrichemens exigeroit un volume. Le prince s'occupe
actuellement à faire deffécher & défricher les marais du
Dromling, terrein inacceffible dans la vieille Marche,
au moyen de quoi on compte rendre à l'Agriculture
jufqu'à cent vingt mille journaux ou arpens de terres
cultivables & de pâturages. Pour ces differentes entreprifes & améliorations, le roi a fait bâtir nouvellement
environ fix cents villages & hameaux; il a établi quarante-
trois mille familles fur de nouveaux fonds de terre;
en comptant cinq perfonnes par chaque famille, on
aura une augmentation de deux cents quinze mille perfonnes; & il faut obferver que les deux tiers de ces
colons ont été des étrangers.

De plus, ce monarque a avancé à un grand nombre
de gentilshommes & de poffeffeurs de terres dans les
Marches, en Poméranie & en Siléfie, des fommes mon-
tant à plufieurs millions, dont M. le Baron de Hertzberg a donné les détails dans des mémoires précédens,
pour les mettre en état de défricher & d'améliorer leurs

terres, & d'y établir des colons. Sa Majesté leur a donné ces sommes ou purement en présent, ou à raison de 1 & 2 pour cent d'intérêt, dont le produit est destiné pour des pensions de Maîtres d'Ecole & de veuves ou filles de pauvres officiers. Par ce moyen, il est parvenu à faire défricher & mettre en culture presque tout ce qui en est encore susceptible & qui en vaut la peine.

Quel contraste avec un système tout récemment mis au jour en France, pour tirer des habitans des campagnes jusqu'au dernier sol, & les mettre par ce moyen dans l'impuissance d'entreprendre aucune amélioration de leurs terres, & de réparer sur le champ les pertes assez fréquentes & des bestiaux & des récoltes : si on ne savoit pas à qui appartient une pareille idée, pourroit-on croire qu'elle fût sortie de la tête d'un auteur célebre ? Tous ses autres systêmes & les épithetes indécentes qu'il donne (1) aux propriétaires fonciers & riches, ne sont pas mieux réfléchis. Il est bien étonnant que l'auteur qui présente tant de moyens pour une réformation générale dans l'administration du royaume, n'en donne aucun pour le rétablissement de deux branches importantes, la Navigation intérieure & les bois qui sont dans un état affreux par les abus multipliés qui y regnent ; admi-

____

(1) Ce sont, dit-il, des lions, des bêtes féroces qui s'élancent sur le peuple pour le dévorer. (Essai sur la Législation du Commerce des grains, pag. 147 & 149.) S'il est quelques-uns de ces particuliers qui méritent ces dures qualifications, elles ne peuvent être appliquées au général de cette classe de citoyens, par deux raisons très-plausibles ; la première, qu'elle agiroit à tous égards contre ses intérêts ; la seconde, que le François est bon ; vérité dont l'auteur convient ensuite dans son dernier ouvrage. Mais est-ce une inadvertence ou une rétractation ? Il faut croire qu'il rend enfin justice à toute la nation, sur-tout à la classe de citoyens qui en est l'ame.

niftration

niſtration qu'il a pris ſous ſa ſauve-garde. ,, On dé-
,, clame , dit-il , mal - à - propos contre elle. *Voyez* le
,, Compte rendu, pag. 50 & ſuiv. « Il paſſe encore légé-
rement ſur le deſſéchement des marais , cette opération ſi
importante à tant d'égards ; il dit cependant que quand
le Roi aura cinquante à ſoixante millions de plus à diſ-
poſer , on pourra faire quelque choſe : mais ſera-ce , ſuivant ſon ſyſtême , lorſqu'il aura tiré ces fonds des habitans des campagnes , qu'il eſpere voir faire des progrès
à l'Agriculture ? Il opéreroit à coup ſûr le contraire : c'eſt
donc ignorer abſolument la vraie baſe de l'adminiſtration.
Revenons à notre digreſſion intéreſſante , qui ſeule fait la
critique ſans replique des ſyſtêmes de l'ex-adminiſtrateur,
& doit éteindre l'enthouſiaſme qu'ils ont excités.

Le Roi de Pruſſe ne s'eſt pas borné aux bienfaits
dont nous venons de faire l'énumération ; il a encore
donné en ferme héréditaire à toutes ſortes de cultivateurs plus de trois cents métairies ou poſſeſſions de ſes
propres domaines , en les ſéparant de ſes grands bail-
liages. C'eſt un des moyens ; dit ſon miniſtre , les
plus propres & les plus prompts pour augmenter la
population , parce que plus les poſſeſſions ſont petites &
partagées , plus elles nourriſſent d'hommes ; & il n'eſt
pas douteux que cette opération ne ſoit continuée.

Il a beaucoup favoriſé l'Agriculture , en autoriſant &
en encourageant , même par des prix , l'abolition des
communes & la ſéparation des fonds de terres & des
pâturages , dont un ſeul propriétaire peut tirer infiniment plus de parti que quand il les poſſede en com-
mun avec d'autres. Cet arrangement très-difficile , a

E

pourtant été exécuté dans beaucoup de villages, & se
continue chaque année.

Sa Majesté Prussienne tend & parvient au même
but, en faisant diftribuer des femences de luzerne, de
trefle & de lupin à tout cultivateur qui en demande,
en faifant acheter un grand nombre de beftiaux, en
faifant bâtir des maifons ou des chambres pour les
petits particuliers qui s'adonnent à la culture des mûriers
& qui élevent des vers à foie, & en faifant diftribuer
tous les ans des fommes confidérables en prix & en
gratifications pour encourager les cultivateurs à toutes
fortes d'induftrie rurale.

Voilà donc la fcience d'adminiftration du Roi de
Pruffe, qui étoit celle d'Henri IV & de Sully, de
Louis XIV & de Colbert : on voit qu'elle eft fimple,
& qu'il ne faut pour l'exercer que la droiture, l'inté-
grité, le zele pour le bien public & le bon fens. Ceux
qui parent leur prétendue fcience d'adminiftration par
des déhors remplis de myfteres, favent bien que l'ignorance eft la mere de l'admiration, & que d'avoir gagné
ce pas fur les hommes, c'eft le dégré le plus sûr pour
monter à la fortune : auffi affectent-ils un langage particulier ; ils parlent en oracle, & jamais ne font connoître la raifon de ce qu'ils difent ; leurs vues font
couvertes d'un voile épais qui les rend impénétrables
au vulgaire ; ils promettent des chofes furprenantes,
qui, par leur nouveauté & par leur exécution myfté-
rieufe, éblouiffent les ftupides. La fcience des premiers
fe montre au grand jour : augmenter les récoltes an-
nuelles & diminuer les frais de tranfports par de nou-

veaux débouchés de Navigation intérieure, encourager l'induſtrie, multiplier les branches du commerce extérieur; voilà leur ſcience, qui opere infailliblement un accroiſſement de population, de richeſſe & de force aux empires, ainſi que le bon ſens le dicte, & que l'expérience le démontre.

Nous le répétons encore; tout adminiſtrateur des finances d'un État agricole doit être bien convaincu qu'il n'eſt point de richeſſe plus ſûre ni plus précieuſe que le ſoc fécond de la charrue, & qu'avec ce principe d'adminiſtration, il ira droit au but qu'on doit lui ſuppoſer, celui de faire le plus grand bien de l'État. Après que le Prince aura tiré de ſes revenus la ſomme pour les dépenſes de ſa maiſon, la ſomme pour l'entretien de ſon armée, la ſomme pour rendre la juſtice, il doit en tirer de ſuite la ſomme pour opérer l'amélioration du ſol & pour répandre des encouragemens ſur l'induſtrie des habitans des campagnes; l'État fût-il même dans la néceſſité d'emprunter pour faire face à une partie des autres dépenſes; parce que ce n'eſt que de cette partie des revenus verſés ainſi dans les provinces, que les habitans peuvent accroître, les uns d'aiſance, & les autres de richeſſe, ainſi que le Souverain, qui retirera, ſans contredit, plus de cent pour cent de ſes avances. Ne cherchons pas d'autre exemple de cette vérité, que celui que nous en donne un des plus grands Monarques qui exiſte & qui ait exiſté.

Les vues qu'annonce Sa Majeſté Louis XVI, par l'arrêt de ſon Conſeil du 29 Mars dernier, portant établiſſement d'un Bureau deſtiné à former les états de la balance du commerce de fon royaume, à faire les recherches & obfervations fur les gênes qu'il éprouve, & fur les accroiffemens dont il eft fufceptible, affurent affez que ce font auffi là fes principes d'adminiftration. Au furplus, les deux parties que nous traitons dans cet ouvrage, étant la bafe de toutes les opérations que prefcrit cette loi pour l'accroiffement du commerce, il n'eft pas douteux que c'eft fur elles que le Gouvernement doit porter fes premiers regards.

L'État étant toujours prêt à oppofer à fes voifins une égalité ou une fupériorité de forces militaires pour repouffer toute entreprife qu'on oferoit tenter, il eft également de la fageffe du Gouvernement d'éviter que celle des autres ne parvienne à affoiblir fes finances, le nerf de tout corps politique. Pour cet effet, il doit toujours s'occuper à augmenter l'exportation des objets de fon crû, & chercher à diminuer celle du dehors. Il en eft plufieurs, tels que les bois de conftruction & de mâture que la France poffede dans fon fein, & qu'elle pourroit fe difpenfer de tirer de l'étranger, au moyen de nouveaux débouchés de navigation & d'une bonne adminiftration de fes forêts.

Elle devroit regarder comme un prodige les forêts qu'elle poffede en Corfe, qui font peuplées de pins de même effence que ceux que la Marine tire de la Norwege, de la Pologne & de la Ruffie, à des prix exhorbitans. Cependant on a regardé jufqu'ici cet objet important avec la plus grande indifférence. Nous ne craignons pas d'avancer que cette île eft fufceptible des productions les plus précieufes, tant par fon climat que par fon fol. Il eſt depuis Baſtia juſqu'aux extrémités du Fieu-morbo, une plaine ſuperbe, de vingt-cinq lieues de long, le meilleur ſol poſſible, qui vraiſemblablement produiroit du tabac d'excellente qualité, & en quantité ſuffiſante pour la conſommation de la France. Cette production dans cette île n'occaſionneroit aucune con-trebande, par la grande facilité de l'empêcher; & ce feroit un moyen ſûr pour y augmenter la popula-tion, & diminuer conſidérablement la maſſe des objets d'importation dans le royaume. A quoi nous ſert donc d'être favoriſés par la nature & les circonſtances, ſi nous n'en profitons pas? Ouvrons des débouchés de Naviga-tion intérieure, comme nous l'avons dit dans notre eſſai; deſſéchons nos marais, défrichons nos landes, rétabliſſons nos forêts dévaſtées; tirons parti de celles que le dé-faut de débouchés nous rend inutiles, & fouillons dans les entrailles de la terre; cela vaudra beaucoup mieux que la conquête de la plus vaſte région du nou-veau Monde, & que des projets ſyſtématiques. Alors on verra dans les contrées déſertes de la France, ſuc-céder aux eaux ſtagnantes & à d'immenſes bruyeres, de riches moiſſons & de belles futaies; on y verra s'é-lever quantité de manufactures, & le commerce y de-venir des plus floriſſans.

L'emploi du charbon de terre devenant de plus en plus un objet important pour la France, tant par la quantité de mines que l'on découvre journellement, que par la rareté du bois auquel ce charbon peut ſuppléer en grande partie, & que de plus il produit un goudron excellent, doit être encore un puiſſant motif pour déterminer le Gouvernement à mettre la derniere main à l'exécution du plan que nous préfentons pour l'extenfion de la navigation fur nos fleuves & rivieres; cette production précieufe, comme tant d'autres, étant de nature par fon poids & fon prix à ne pouvoir être tranfportée que par eau dans les lieux de confommation.

M. Thouvenel nous apprend qu'il a découvert en 1784, quarante-une mines de charbon de terre dans l'étendue de neuf ou dix provinces; & la fuite déjà connue de ces mines eft de plus de cent quatre-vingt-cinq lieues. Ce Phyficien avoue que ces découvertes intéreffantes ont été faites par le fieur Bleton; ce qui fait voir que ce citoyen ne méritoit pas les farcafmes injurieux qu'un critique âpre, toujours malheureux dans fes jugemens, lui a prodigués, ainfi qu'à plufieurs autres perfonnes qui n'ont pas moins mérité l'eftime de leurs concitoyens.

Aujourd'hui, il eft parmi toutes les puiffances de l'Europe une fi grande émulation pour tous les établiffemens utiles, qu'il femble que chacune veuille abfolument fe paffer des productions des autres. On ne fauroit fe diffimuler que l'Agriculture, les arts, les manufactures, le commerce, l'induftrie en général, n'y faffent des progrès rapides au détriment de la France. Mais lorfque celle-ci voudra profiter des faveurs dont la nature l'a comblée, alors tous les efforts de ces puiffances ne fauroient empêcher qu'elles ne foient toujours fes tributaires, & que cet empire ne s'éleve au plus haut degré de fplendeur!

Pour parvenir à ce but glorieux, il ne suffit pas que quelques provinces s'occupent de deux ou trois grandes communications ; c'est au Gouvernement, à l'exemple (a) récent de grandes puissances, à embrasser L'ENSEMBLE de cette partie importante & à en former un département particulier avec un Corps d'Administration pour en diriger toutes les opérations, étant de toute nécessité que ces opérations soient suivies constamment, & aillent uniformément, puisqu'elles ont par-tout le même intérêt ; il faut, qu'en établissant des communications par des canaux, on s'occupe en même tems de la liberté & de l'extension de la navigation sur tous les fleuves & rivieres qui en sont susceptibles ; ce qui ne peut absolument s'opérer que par une administration particuliere dégagée de tout autre soin. C'est par ces opérations, qui mettront en valeur toutes les parties du sol, ainsi que ses productions, que l'État se procurera des ressources immenses & permanentes qu'on chercheroit en vain ailleurs.

Cette administration, après son établissement, qui seroit peu dispendieux, rempliroit à la fois, sans avoir recours aux finances de Sa Majesté, ni à aucune impo-

___

(a) L'Impératrice Reine établit en 1777 un département de la Navigation intérieure, & créa un corps d'officiers pour exercer la police dans cette partie ; & les ingénieurs n'ont jamais été chargés que des ouvrages d'art.

Catherine II, à laquelle rien n'échappe pour l'administration de son vaste empire, a également, l'année derniere, établi un département de cette partie intéressante, & cinq autres, dont chacun a aussi pour objet l'encouragement & les progrès de quelque branche d'industrie ; elle met, avec raison, celui de la Navigation intérieure, après celui de l'Agriculture : on fait monter les dépenses de ces utiles établissemens à la somme de 150,000 roubles par an.

fition fur fes peuples, trois objets importans ; l'exercice de la police fur tous les fleuves, rivieres & canaux; l'extenfion de la navigation, & le deffechement des marais; d'où réfulteroient évidemment la conquête de pays immenfes qui, fous peu de tems, feroient floriffans; une augmentation confidérable dans la population, les propriétés, & dans les objets d'exportation; de l'aifance parmi le peuple; un grand accroiffement de revenu pour le Roi; des milliers d'hommes & de chevaux rendus à l'Agriculture; un grand nombre de matelots de plus; une épargne confidérable dans l'entretien des routes, fur le tranfport des fels & du tabac, fur les convois militaires, & fur l'approvifionnement des ports & arfénaux.

On ne peut difconvenir qu'on n'auroit jamais eu les belles routes, les fuperbes ponts, dont eft décorée la France, fi l'on n'avoit pas formé une adminiftration particuliere pour cette partie. On n'a rien épargné à cet égard; des fonds permanens ont été affignés à ce département; un corps d'ingénieurs y a été attaché pour l'exécution des travaux, & tout a répondu à l'attente du Gouvernement.

On a tout ofé entreprendre; des collines fans nombre ont été applanies, des montagnes ont été coupées pour établir de grandes routes dans des lieux inacceffibles jufqu'alors. C'eft à un feul homme, à Trudaine, que la nation eft redevable de fi grands bienfaits: on eft étonné, en parcourant de fi belles voies, de ne pouvoir y contempler la ftatue de cet homme immortel. Tout fait voir qu'il n'eft aucun obftacle qu'un Roi puiffant

&

& citoyen, fecondé d'un miniftre d'une ame élevée, ne puiffe furmonter.

Mais par quelle fatalité n'a-t-on rien fait pour la Navigation intérieure ? Tandis qu'on s'occupoit à ouvrir des communications par terre, on abandonnoit à l'avidité des riverains les fleuves & les rivieres, dont les voies données par la nature font infiniment plus précieufes que celles de terre. Il eft inconteftable que toute partie majeure d'adminiftration, tombe dans le dépériffement, fi elle n'eft dirigée par un département particulier, uniquement occupé de fes progrès.

OBSERVATIONS

SUR L'OPÉRATION PARTICULIÈRE

Ordonnée par le Gouvernement, pour préparer l'opération générale.

L'Essai (a) fur la Navigation intérieure de la France, que nous avons préfenté au Gouvernement, en 1779, abrégé d'un ouvrage de vingt années de recherches & de travaux, a fixé fes yeux fur cette partie, jufqu'alors fi négligée, & cependant fi intéreffante pour toutes les branches de l'adminiftration.

Le Confeil, avant de faire une opération générale, a cru devoir la préparer par une opération particuliere :

(a) Chez Cellot, Imprimeur-Libraire, rue des Grands-Auguftins.

F

il a choisi la Garonne (*a*) à cet effet, comme le fleuve dont la navigation étoit la plus intéressante, & sur le cours duquel il y avoit le plus d'obstacles, quoiqu'il y eût une police établie par un réglement de 1733, dont l'exercice étoit confié aux Ingénieurs des Ponts & Chaussées. Sous le ministere de M. Joly de Fleury un corps d'administration a été formé; Sa Majesté a daigné nous honorer de sa confiance, & nous a nommé Conservateur général de la Navigation de ce département, sous les ordres de M. l'Intendant des Ponts & Chaussées, & des Commissaires départis des généralités que la Garonne arrose.

L'arrêt du Conseil portant réglement pour cette police, a pris toutes les précautions nécessaires pour éviter les inconvéniens qui avoient rendu sans effet les loix précédemment faites pour cette contrée du royaume (*b*).

___

(*a*) Ce fleuve prend sa source en Espagne dans la montagne de Montgari, à l'entrée de la plaine de Beret, à Œil de Garonne, & descend par la vallée d'Aran. A Salarduc, à une lieue de sa source, on commence à faire flotter à bois perdu. A Cazaril, deux lieues au-dessous de Salarduc, & à six lieues & demie de la frontiere, au Pont du Roi, il devient navigable pour radeaux d'un seul train; mais à Boussol, quatre lieues au-dessous de Cazaril, cette navigation est interrompue sur environ trois cents toises de longueur, par des roches qui forment des cascades, & resserrent extrêmement le fleuve; on ne peut pas même entreprendre de lever cet obstacle. Au-dessus on décompose les radeaux pour transporter les bois par terre à Expaillas, demi-quart de lieue au-dessous de Boussol, où ils sont reconstruits par des mariniers de Fos, le premier village françois que l'on trouve en venant d'Espagne. On verra ensuite ce que l'on dit de son cours en France.

(*b*) La lettre d'un Subdélégué de la généralité de Guienne à M. le Duc de ***, au sujet des remontrances du Parlement de Bordeaux, sur les corvées, page 3 & suivantes, porte, relativement à la Garonne, ce qui suit.... » Rien » enfin ne paroissoit plus indispensable que de pourvoir promptement à nombre

» C'eft pour n'avoir pas affez diftingué (porte l'inf-
» truction qui nous a été donnée) ce qui concernoit l'art
» & ce qui regardoit la police, que le réglement de
» 1733 eft demeuré fans effet «.

L'inftruction ajoute : » Tout ce qui appartient à la
» police eft attribué aux Officiers de la Navigation, ceux
» des Ponts & Chauffées n'ont point à s'en mêler, «
& plus bas : » Cet article devient LE POINT FONDA-
» MENTAL de la préfente inftruction, l'intention du
» Miniftere étant d'écarter avec foin toute occafion &
» tout prétexte d'entreprife quelconque de la part des
» Officiers de la Navigation ou de ceux des Ponts &
» Chauffées fur ce qui ne les concerne pas. « Le
Confeil a reconnu qu'une police comme celle de la
Navigation intérieure, qui embraffe une infinité d'objets
contentieux, ne pouvoit être exercée par des Artiftes,
& que des Officiers qui avoient les connoiffances pour
s'en acquitter dignement, n'avoient pas les talens pour
exécuter des ouvrages d'art.

D'après cet expofé, il eft évident que la confervation des bornes pofées entre les fonctions des uns & celles des autres, doit être la bafe du fervice refpectif & la fource des avantages qui doivent réfulter des opérations.

» d'abus de tous genres qui tendoient à ruiner une navigation auffi intéreffante.
» Le Gouvernement croit en conféquence devoir s'en occuper, & après avoir
» paffé trois ans à méditer le projet, après avoir confulté les États de Lan-
» guedoc & les Adminiftrateurs de quatre grandes provinces, il fait publier un
» réglement, dont l'étendue & les difpofitions annoncent affez que tout a été
» prévu, & qu'avec le tems on parviendra à remédier à tout «.

Pénétrés de la sagesse de ces principes, dictés par l'expérience, & pleins du désir de répondre à la confiance du Gouvernement, nous partîmes vers la fin du mois de Septembre de la même année pour aller à notre poste. A peine y fûmes-nous rendus, que nous éprouvâmes les effets de l'intrigue, dont ce nouvel établissement étoit l'objet. Quelques Ingénieurs ne virent en nous qu'un homme, qui alloit exercer des fonctions pour lesquelles ils étoient en possession de recevoir des émolumens. Quoique l'arrêt du Conseil leur défendît de s'immiscer dans nos opérations, sous quelque prétexte que ce fût, il n'est rien qu'ils n'aient tenté pour parvenir à s'en rendre les vérificateurs, ainsi que de notre comptabilité.

Les Maîtrises des Eaux & Forêts de Toulouse & de Bordeaux, qui n'avoient jamais réclamé, tant que les Ingénieurs avoient été chargés de l'exercice de cette police, réclamerent ensuite contre le nouveau réglement. Celle de Toulouse qui, dans la vue de nous inculper, s'est donné mission pour vérifier nos travaux, & a rempli son procès-verbal de faits controuvés, démentis en tout par ses propres assertions & par nos opérations mêmes, pouvoit-elle tenir une conduite plus opposée au caractere de Magistrats ?

M. de Saint-Priest le pere, Intendant de Languedoc, dont nous ne pouvons trop nous applaudir d'avoir mérité la bienveillance, nous marque par sa lettre du 8 Avril 1783,.... » Je suis fâché que vous soyez » arrêté par-tout, c'est-à-dire dans les autres provinces » comme en Languedoc, pour vos opérations,.., «

Une autre lettre de ce digne Magiſtrat, du 21 Juin
ſuivant, porte encore .... » Je ne puis voir qu'avec
» peine les entraves que l'on met à l'exécution du nou-
» veau réglement....«

L'arrêt du Conſeil fut publié & affiché ſur tout le
cours de la Garonne, ſix mois avant de commencer
notre viſite générale & de faire exécuter aucun ouvrage.
Quoique ſa publicité eût dû, ainſi que nous le marque
M. l'Intendant de Languedoc, par ſa lettre du 6 Février
1783, ſuffiſamment inſtruire les propriétaires riverains,
meûniers & autres, de leurs obligations, aucun ne ſe
diſpoſa à les remplir.

Nous fîmes encore précéder notre viſite & nos travaux, d'avertiſſemens, qui furent remis à tous les Con-
ſuls des paroiſſes qui ſe trouvent ſur les rives du fleuve,
& qu'ils firent exactement afficher aux portes des égliſes;
ces avertiſſemens portoient que les riverains euſſent à
faire couper de ſuite les arbres & autres bois qui étoient
ſur les chemins de hâlage attenant à leurs poſſeſſions,
conformément à l'arrêt du Conſeil de 1782, qui venoit
d'être publié; aucun cependant ne daigna encore s'y
conformer.

M. l'Intendant des Ponts & Chauſſées, par le *P. S.*
de ſa main, dans la lettre qu'il nous adreſſa le 28 Décembre 1782, s'exprime ainſi .... » Je vois avec
» plaiſir que vous alliez *la prudence & le zele* ....«
Cette conduite, que ce Magiſtrat a reconnu ſi authen-
tiquement en nous, n'a jamais varié dans toutes nos
opérations.

Tandis que ces Ingénieurs mettoient des entraves à

l'exécution du nouveau réglement pour la police de la Garonne, quelques-uns de ceux des provinces arrofées par la Loire, concouroient au même but; ceux-ci obtinrent pour eux & leurs Commis, l'adminiftration de la police de ce fleuve & des rivieres qu'il reçoit dans fon cours, confiée depuis plus de deux cents ans à un corps d'Officiers de la Navigation. La circonftance dans laquelle on fit cette opération, eft remarquable. Nous venions, ainfi qu'on vient de le voir, d'être chargés d'exécuter l'opération particuliere fur la Garonne, pour préparer l'opération générale pour tout le royaume. A peine avions-nous commencé notre vifite, qu'il fut fait un réglement pour la Loire, qui fe trouve abfolument en oppofition avec celui pour la Garonne, médité pendant trois ans, & rédigé d'après l'avis des États de Languedoc & des Adminiftrateurs de quatre grandes provinces, comme il eft prouvé par la note *b*, page 42.

On conçoit qu'un Magiftrat puiffe ne pas regarder une loi auffi avantageufe que ceux qui l'ont fait, & en folliciter la révocation; mais conçoit-on que le même Magiftrat, fous l'adminiftration duquel la loi a été faite, veuille, fans un nouveau motif, la détruire quelques mois après, & ne pas attendre le réfultat de l'opération qu'elle ordonne ? Les maux qui réfultent du mépris que l'on a fait de la loi de 1782, pour la police de la Garonne, font à l'infini, ainfi que le prouve l'état du lit de ce fleuve, & les naufrages qui s'y font journellement. La tranfgreffion des loix, en général, eft l'abus le plus funefte à la fociété, & celui par conféquent qui mérite le plus d'être févérement réprimé : le maintien des loix dans toute leur vigueur, donne à une adminiftration, cette ftabilité, qui augmente fans mefure l'utilité des fages inftitutions.

Voici l'état où nous avons trouvé la Garonne : des obftacles de toute efpece s'oppofoient par-tout à la liberté & à la fûreté de la navigation ; des roches, des fouches, des pieux d'anciennes digues & des atterriffe-mens, provenant des moulins, préfentoient à chaque inftant des écueils au navigateur.

A ces obftacles naturels, & qu'une police active eût pu détruire, s'en joignoient une multitude d'autres provenant des entreprifes (*a*) des riverains, dans le lit du fleuve ou fur fes bords. La quantité des digues des

---

(*a*) Ces faits font confirmés par la lettre du Subdélégué de la généralité de Bordeaux, à M. le Duc de * * *, page 3 & fuivantes ; voici comme il s'exprime. » L'état menaçant dans lequel étoit la Garonne, cette mere noufriciere de
» la Guienne, excitoit en effet depuis long-tems. les plaintes des patrons de
» bateaux & de tout le commerce. Des chemins de hâlage fupprimés dans la
» majeure partie de fon cours, augmentoient à un point inexprimable les frais
» & les dangers de la navigation. L'avidité des riverains les portant journel-
» lement à anticiper fur le lit de la riviere, préfentoit d'un moment à l'autre
» aux navigateurs de nouveaux écueils. Les propriétaires des moulins à nefs (1)
» les tranfportant à leur gré dans le milieu du courant, & les y fixant le plus
» fouvent de maniere à ne laiffer le paffage libre que d'un feul côté, occafion-
» noient la perte d'une multitude de bateaux & de mariniers.... «

(1) » On nomme ainfi dans le pays les moulins flottans établis fur des bateaux. Il y auroit
» beaucoup à gagner pour la fûreté de la navigation à en diminuer le nombre ; mais en atten-
» dant, il ne peut y avoir de police trop févere pour prévenir des malheurs de la nature de
» ceux qu'occafionnent le déplacement continuel de ces moulins, & l'abus de les amarrer à terre
» avec des chaînes de fer, tandis qu'ils devroient fimplement être arrêtés fur des ancres de
» fond. «

moulins terriens, qui le barroient entiérement depuis Toulouse jusqu'à la frontiere d'Espagne, ne laissoient au navigateur qu'un passage très-étroit avec une chûte d'eau formant un gouffre prêt à l'engloutir, & rendoit la remontée des bateaux impossible. Des moulins à nefs, multipliés à l'infini, étoient la cause de mille périls. Les meûniers les plaçoient à leur gré dans le tems des basses eaux, au milieu du canal servant à la navigation, de maniere qu'aucun bateau ni radeau ne pouvoient passer sans un danger imminent. La suppression des chemins de hâlage, sur la majeure partie du cours du fleuve, obligeoit à tout instant le malheureux hâleur (a) à se mettre dans l'eau & la boue jusqu'à la ceinture dans la saison la plus rigoureuse, & à se faire jour à travers des fourrés de saules & de buissons souvent mouillés, couverts de neige & de vert-glas ; la corde de tirage se trouvant prise à tout instant par ces bois, joint à la nécessité de repasser fréquemment d'une rive à l'autre, causoient des peines & de longs retards au navigateur.

Tant d'entraves & d'écueils sur un des fleuves les plus commerçans de la France, & dont cependant la police étoit confiée depuis près de cinquante ans aux Ingénieurs des Ponts & Chaussées, peuvent faire juger du peu de soin qu'ils ont apporté dans l'exercice, & de

---

(a) Hommes destinés en même tems au service de mer, & dont le sort sur ce fleuve est pire que celui du galérien. Outre qu'il est indispensable pour l'intérêt du commerce que les chemins de hâlage y soient bien entretenus, il est de l'humanité du Gouvernement d'adoucir par-là, le sort malheureux de ces hommes précieux à l'État.

l'état de notre Navigation intérieure, pour laquelle on n'a pris en général aucune précaution, tendante à obvier aux abus fans nombre qui fe commettent à fon détriment, à celui de l'Agriculture & du commerce.

D'après cet état des chofes, nous avons fait tout ce que la durée d'une campagne (*a*), les fonds qui nous ont été donnés & le dégré d'autorité qui nous étoit confié, nous ont permis de faire. Les chemins de hâlage ont été rendus libres & mis en bon état fur tout le cours du fleuve (*b*). Les roches, les fouches,

---

(*a*). Si nous n'avions été retenus à Paris par les circonftances, dont nous venons de rendre compte, nous ferions parvenus, à la fin de la troifieme campagne, ainfi que nous l'avions affuré au Miniftere, à lever tous les écueils qui expofent à chaque inftant le navigateur & le commerce à mille dangers, & nous aurions établi la navigation pour bateaux fur douze lieües de cours du fleuve depuis Monrejau jufqu'à Cazeres, où elle fe termine.

(*b*) C'étoit l'opération la plus urgente de l'aveu de l'auteur de la lettre à M. le Duc de ***, ainfi qu'on vient de le voir par la note *a*, page 47.

D'après les ordonnances & le nouveau réglement, les arbres & autres bois qui fe trouvoient dans les chemins de hâlage auroient pu être coupés fur trente pieds de largeur, & par modération, on s'eft reftreint à dix-huit à vingt pieds. Cependant il a plu à la Maitrife des Eaux & Forêts de Touloufe, en procédant par un fyftême qu'elle s'eft fait à elle-même, de donner à entendre qu'on avoit confidérablement anticipé fur les poffeffions des riverains, en faifant des abattis à quarante, foixante, cent, & jufqu'à deux cents vingt-cinq pieds du bord de la Garonne : mais la moindre réflexion fuffit pour reconnoître que cette affertion n'eft qu'une équivoque réfléchie.

Ces Officiers ont fuppofé apparemment que tous ceux qui verroient leur procès-verbal feroient dupes de leur ignorance affeatée, & ne fauroient pas ce que c'eft que chemin de hâlage : *ils ne qualifient jamais cette voie que de fentier ; ils affeatent de ne pas connoître le nom de B E R G E, de ne pas favoir que dans les parties du cours d'un fleuve ou d'une riviere qui n'eft point encaiffée, il eft de néceffité abfolue pour la navigation, que les hommes ou les chevaux qui tirent les bateaux, aillent fur trois différentes voies, au moins ; l'une, fur le bord du gravier, lorfque les eaux font baffes ; la fe-*

G

les pieux qui préfentoient le plus de dangers au navigateur, ont été enlevés. Les travaux néceffaires pour
rendre libre le cours du fleuve, fans porter aucun pré-
judice aux moulins terriens, ont été indiqués, & nous
avons fixé (*a*) à tous les moulins à nefs les empla-

---

conde, au haut. du gravier, dans le tems des eaux moyennes , & la troifieme
au-delà du bord fupérieur de la berge, qui borne abfolument le lit du fleuve ,
lors des grandes eaux.

Voilà les principes fur lefquels devoient fe diriger les Officiers de la Maitrife
de Touloufe dans la miffion indifcrete qu'ils fe font donnée ; mais ils ont bien
voulu les méconnoître pour dépofer au Parlement un procès-verbal dont le fens
fût équivoque & inculpât les Officiers de la Navigation.

(*a*) Nous ne pouvions rien faire de plus ; c'étoit enfuite à M M. les Intendans à faire délivrer aux meûniers leurs ordonnances d'emplacemens, d'après
notre procès-verbal & les invitations que nous leur avons faites par lettres, en
leur repréfentant que c'étoit un objet auquel il étoit très-important de pourvoir
fans différer, & fi on n'en a rien fait, ce n'eft point notre faute. Nous avons
rempli & au-delà tous nos devoirs à l'égard des moulins à nefs, comme nous
nous en fommes également acquittés au fujet des moulins terriens, dont les
digues forment, depuis Touloufe jufqu'à la frontiere d'Efpagne, des écueils auffi
dangereux que les premiers. Pendant nos opérations, plufieurs bateaux & radeaux
y ont fait naufrage.

Les maîtres de bateaux & radeliers de la haute Garonne, ont préfenté, depuis notre vifite, plufieurs requêtes à M. l'Intendant d'Auch, fur les dangers
auxquels ils font expofés aux digues des moulins & à certaines roches qu'il
feroit très-facile d'enlever, & à peu de frais.

Au mois de Décembre dernier, vingt maîtres de bateaux ont préfenté une
requête à M. l'Intendant de Languedoc, dans laquelle ils expofent à ce Magiftrat, que dans le mois d'Octobre, il a péri fix bateaux contre les moulins à
nefs dans ce département, & défignent les propriétaires. C'eft abfolument s'a-
bufer que de croire qu'on puiffe laiffer fubfifter ces moulins, dans la perfuafion
qu'on peut concilier leur intérêt avec celui de la navigation ; ils font inévitable-
ment des écueils dans les baffes eaux, en ce qu'ils ne peuvent être placés généralement que dans un fort courant, qui forme un canal très-étroit, le feul
où peuvent paffer les bateaux.

Il eft inconteftable que les moulins à nefs & les digues des moulins terriens cemens les moins nuisibles à la navigation : enfin, nous sommes parvenus à remplir notre mission, sans éprouver

---

& des usines, sont le plus grand obstacle à la navigation de la Garonne. Les fréquens accidens qu'ils occasionnent éloignent le commerce & les voyageurs de cette voie intéressante, la plûpart des négocians préferent d'envoyer leurs marchandises par terre, & il est peu de voyageurs qui, en quittant le canal royal, s'embarquent ensuite sur la Garonne, à cause des dangers que présentent les moulins à nefs.

Ce qu'on voit de plus révoltant sur ce fleuve, sont les deux digues des deux moulins terriens de Toulouse, chef-d'œuvres de barbarie, qui le barrent entiérement, & interrompent toute navigation entre la haute & basse Garonne. Cependant ces digues sont la merveille des Toulousins, & les moulins excitent leur enthousiasme, au point que quand les actionnaires de celui du Bazacle contractent pour quelque objet qui y est relatif, ils s'obligent *sur l'honneur du moulin.*

Pour remédier à l'obstacle que la digue de ce moulin met à la navigation, on a construit un canal dérivé trente toises au-dessus de cette digue, & qui joint celui de Languedoc à quatre cents toises de là, ou environ, par lequel il faut passer trois écluses, autre obstacle à la navigation. Il en est d'autres qui sont encore moins supportables, tels que les ensablemens continuels, & la contrainte où l'on est à cause de cet inconvénient, de tenir la porte de ce canal fermée à toutes les crûes du fleuve, jusqu'à ce que ses eaux soient clarifiées. On a d'abord fait un aquéduc à cinq à six toises de la dérivation de ce canal pour y attirer les sables ; mais cette précaution n'a abouti à rien ; & on vient d'en faire un second qui précede l'entrée, & qui vraisemblablement ne produira pas un meilleur effet que le premier : de maniere qu'en voulant remédier, par ce canal, à l'obstacle de la digue, il en est résulté plusieurs inconvéniens qui forment presque un aussi grand obstacle à la navigation que celui qu'on se proposoit de détruire, qui ne peut être regardé par des hommes sensés que comme un meurtre fait à la nature & un vol manifeste à la société.

Il étoit un moyen simple & infaillible, & pour laisser subsister la digue & le moulin, & pour rendre entiérement libre le cours de la Garonne ; ce qui, en même tems, auroit formé un des plus grands embellissemens dont une ville puisse être décorée, & n'auroit pas plus coûté à la province que le canal de Brienne & les quais mal entendus qui ont été faits. C'étoit de tirer depuis le pont, de droite & de gauche, un alignement vers ce canal, & détourner le fleuve dans cette direction, lequel seroit ensuite tombé dans son lit naturel visd'obſtacles que de la part de ceux qui, par état, nous devoient des facilités & des ſecours. Tous les riverains

à-vis le village de Blagnac, trois quarts de lieue au-deſſous de Toulouſe, en paſſant en plus grande partie ſur un terrein aride appartenant à cette ville. Il n'y avoit que ce moyen qui pût concilier les deux intérêts, l'exiſtence du moulin & la liberté entiere de la navigation de la Garonne dans cette partie de ſon cours. C'eſt encore par ce moyen que Toulouſe auroit eu ſes deux ports dans ſon centre, tandis que l'un eſt éloigné d'un quart de lieue de ſes murs.

Il eſt beaucoup d'autres moyens pour avoir des moulins, ſans nuire à la navigation, à laquelle rien ne peut ſuppléer, comme l'a dit l'auteur dans ſon ouvrage préliminaire, page 138; aſſertion dont la vérité ſe vérifie tous les jours. Il a ajouté que dans toute la province de Dauphiné, il n'y avoit aucune digue de moulins terriens, les ſeuls dont on y fait uſage, qui barre la plus petite riviere ſeulement, ſuſceptible de la plus foible navigation pour radeaux, ni aucune digue d'uſine. Cette province fait faire cas d'un des dons les plus précieux de la nature; elle fait concilier ces deux objets de premiere néceſſité, même ſans la reſſource des moulins flottans & des moulins à vent. Ainſi les autres provinces peuvent donc, ſans difficulté, jouir du même avantage, d'autant plus qu'elles peuvent faire uſage des moulins à vent, qu'on peut aiſément perfectionner, comme vient de le démontrer au Gouvernement M. l'Abbé Fleuri, Curé en baſſe Normandie, par l'invention d'un nouveau moulin de ce genre.

En Italie, un Religieux, très-habile en mécanique, a imaginé un moulin à eau d'une forme nouvelle, auſſi ſimple qu'avantageuſe. Une machine, qu'un ſimple contre-poids fait aller, éleve l'eau de la mer à vingt-ſept pieds, & en quantité ſuffiſante pour faire agir ſix meules à la fois, & il n'eſt beſoin pour cet effet que de remonter le contre-poids de la machine au bout de quelques heures. Ce Religieux ſe préparoit, au mois de Décembre dernier, a faire exécuter à Livourne cette utile entrepriſe. Il paroît que d'après cet eſſai, il ſe ſera occupé à perfectionner ſa machine; mais nous ne doutons point de la réuſſite, & qu'on ne puiſſe également en faire uſage ſur les rivieres, ſans nuire à la navigation. Il ſemble même qu'ayant le ſuccès déſiré, on pourroit parvenir à la faire aller continuellement, en deſtinant pour agent une partie des eaux qu'elle éleveroit.

Un meûnier, réſident dans la ſeigneurie de Militſch en Siléſie, a imaginé une machine à-peu-près ſemblable à celle de ce religieux, & qui peut beaucoup concourir au but dont il s'agit. C'eſt un moulin à bled, dont le mouvement ſe fait & ſe ſoutient par des reſſorts & des poids; il en a conſtruit un modele en de la Garonne fe font foumis fans réclamations aux opérations prefcrites & exécutées conformément aux ordres du Roi : un feul particulier de Touloufe , comptant fur le crédit de fa place , a élevé la voix , & trois ou quatre qu'il infpiroit , fe font joints à lui pour former un concert de plaintes , confignées dans le procès-verbal mendié à la Maîtrife des eaux & forêts de cette ville.

Nous avons mis fous les yeux de M. l'Intendant des Ponts & Chauffées le procès-verbal général de nos opérations, qui comprend & les ouvrages que nous avons fait faire , & ceux qui reftent à exécuter, & dans lequel nous n'avons omis la difcuffion d'aucun objet qui pût intéreffer la navigation de la Garonne dans un cours de plus de cent trente lieues. Nous avons remis également à MM. les Intendans des quatre généralités, la partie de ce procès-verbal qui les concerne ; nous avons trouvé alors une récompenfe bien flatteufe de notre zele & de notre exactitude, une compenfation bien avantageufe de toutes les difficultés que nous avions

---

petit, qui a été mis fous les yeux du Roi, & Sa Majefté Pruffienne en a ordonné la conftruction en grand. Cette invention , fi elle a le fuccès qu'on s'en promet, fera d'autant plus avantageufe, que les moutures pourront fe faire en tous tems, fans dépendre des eaux & des vents. Ainfi, avec tant de moyens exiftans, ne peut-on pas enfin débarraffer les fleuves & rivieres des écueils dont ils font remplis ?

Au refte, les Académies du royaume , dont le zele pour le bien public eft reconnu, ne peuvent propofer à l'émulation un fujet plus digne, que celui de perfectionner de pareilles machines. S'il y avoit eu un département de la Navigation intérieure , il fe feroit occupé de cet objet important, comme de tant d'autres , qui peuvent infiniment contribuer aux progrès de cette branche intéreffante d'adminiftration.

éprouvées, dans la maniere dont ces Magistrats l'ont accueilli : mais à ces difficultés en succéderent bientôt de nouvelles qui durent encore.

OBSERVATIONS

PARTICULIERES

Sur le réglement de 1782, sur les réclamations des Maîtrises & des Ingénieurs.

DEPUIS un tems immémorial, il y a eu des statuts & réglemens particuliers de police pour la navigation de toutes les rivieres des généralités d'Auch & de Pau. L'arrêt du Conseil du 13 Janvier 1733, portant réglement général de cette police, & deux autres arrêts rendus en interprétation d'icelui, les 13 Mars 1736 & 3 Avril 1752, rappellent notamment ces anciens réglemens. Celui de 1733, qui attribue à l'Intendant d'Auch, cette police, & aux Ingénieurs des Ponts & Chaussées, l'exercice, est resté sans exécution, non-seulement sur la Garonne, mais aussi sur toutes les rivieres des deux généralités. En 1740, la Chambre du Commerce de Bayonne représenta au Gouvernement, *qu'une partie de la navigation sur l'Adour, le Gave de Pau, le Midoux & la Nive étoit interceptée, & l'autre rendue très-difficile par les digues des moulins & les atterrissemens, & qu'on ne veilloit point à l'exécution des ordonnances & réglemens.*

Il fut rendu en 1770, un quatrieme arrêt du Conseil qui attribue la police aux États de Languedoc dans la partie du cours de la Garonne qui arrofe cette province ; les États en confierent l'exercice aux Directeurs des travaux publics ; & il n'y a jamais eu au fujet de ces réglemens, aucune réclamation de la part des Maîtrifes des Eaux & Forêts.

Toutes ces loix n'ayant point produit l'effet qu'on s'en étoit promis, & le Gouvernement recevant fans ceffe des plaintes du navigateur & du commerce, chargea un Infpecteur-général des Ponts & Chauffées, & les Ingénieurs en chef des généralités de Guienne & de Gafcogne, de faire une vifite générale du cours de la Garonne, & d'examiner les caufes qui empêchoient que la navigation ne retirât les avantages de la police établie fur ce fleuve. Ces Ingénieurs, après leur opération, prétendirent que le feul moyen d'exercer cette police avec fuccès, étoit de la diftribuer en quatre départemens aux Intendans des quatre généralités, & qu'un feul en eût la connoiffance fur les deux rives, quoique l'une de ces rives fût fituée dans une autre généralité.

Les moyens préfentés par ces Ingénieurs font illufoires à tous égards.

1°. Tout prouve que les Ingénieurs des Ponts & Chauffées ne veilloient point à l'exécution des réglemens, particuliérement les repréfentations faites par la Chambre du Commerce de Bayonne fur toutes les difficultés qu'éprouvoit la navigation fur les rivieres de la généralité de Pau ; la demande des États de Languedoc à ce que la police fur la partie de la Garonne qui arrofe leur province, fût diftraite de la police générale, & confiée à leurs Directeurs des travaux publics, auxquels on a été enfuite également forcé de la retirer.

2°. La propofition des Ingénieurs des Ponts & Chauffées de diftribuer cette police aux quatre Commiffaires départis, & qu'un feul en eût la connoiffance fur les deux rives, quoique l'une fût fituée dans une autre généralité, porte à faux; nous allons le démontrer évidemment par l'expérience, par l'intérêt particulier des provinces, & par l'intérêt général de la navigation.

Suivant le nouveau réglement, les États de Languedoc ont confenti à fournir annuellement foixante mille livres pour la conftruction des ouvrages d'art, afin de refferrer la Garonne, & de lui donner par-là, eft-il dit, plus de fond (*a*), & Sa Majefté a affigné pareille

____

(*a*) Le fyftême de feu M. de Garipuy, Directeur des travaux publics de la Sénéchauffée de Touloufe, qui nous eft connu par les procès-verbaux de vifites de cet Ingénieur, dans la partie du cours du fleuve qui arrofe le Languedoc, étoit de redreffer par-tout fon lit par le moyen des ouvrages que l'on feroit fur le rivage de cette province, & de le forcer à couler prefqu'en droite ligne le long du côteau de Gafcogne: en conféquence, l'on devoit commencer par faire une coupure à l'efpece d'ifthme du grand contour de Longuetraige, & continuer par celui de Verdun, qui eft de même nature.

On conçoit aifément que ce procédé étoit entièrement oppofé au but qu'on fe propofoit, de donner plus de fond au fleuve; il eft certain que par cette opération, cette partie du cours de la Garonne feroit devenue impraticable, en ce qu'on auroit facilité un plus prompt écoulement de fes eaux, en donnant infiniment plus de pente à fon lit: ce n'eft abfolument qu'en employant le moyen contraire, qu'on pourra contribuer à y établir une bonne navigation. Pour cet effet, l'adminiftration doit veiller, non-feulement à entretenir les finuofités, mais

fomme

ſomme à repartir entre les quatre généralités, tant pour la police ſur tout le cours du fleuve, que pour les ouvrages d'art dans les départemens d'Auch, de Montauban & de Bordeaux.

Ces cent vingt mille livres, exactement employées aux objets convenables pour dégager ce fleuve des encombres dont il eſt rempli, ſont plus que ſuffiſantes pour y établir, ſous peu de tems, la plus belle navigation ; mais il faut en exclure les moulins à nefs & les digues des moulins terriens qui le barrent, & ſe déſabuſer que quelques foibles ouvrages iſolés qu'on pourroit faire ſur ſes bords pour reſſerrer ſon lit, puiſſent contribuer à améliorer cette voie, étant conſtruits plutôt dans la vue de défendre le territoire, que pour améliorer la navigation. Ces ouvrages, ſur-tout dans la partie de ſon cours qui arroſe le Languedoc, depuis Toulouſe juſqu'à l'embouchure du Tarn, où il n'eſt point encaiſſé, & où les bords n'ont aucune ſolidité, ne ſeroient non-ſeulement d'aucune utilité à la navigation, mais encore ils deviendroient des écueils très-dangereux;

encore tâcher de les multiplier autant qu'il conviendra au bien de la choſe, attendu que c'eſt le ſeul moyen, comme nous l'avons dit ci-devant, de donner plus de fond à un fleuve & à une riviere quelconque. Le vœu du navigateur n'eſt pas de parcourir promptement un eſpace en courant des dangers ou en éprouvant des difficultés, mais bien de faire le même trajet en beaucoup plus de tems, ſans courir aucun riſque : voilà ſon véritable intérêt, qui eſt également celui du public; l'intérêt particulier d'une province & des riverains, ne doit pas empêcher de diriger le cours d'un fleuve ou d'une riviere ſur le ſol le plus favorable pour l'établiſſement d'une bonne navigation, & ſur-tout pour celle dont on traite ici particuliérement, qui eſt de la plus grande importance par la communication avec les deux mers.

H

la plûpart des écueils qui se trouvent dans ce fleuve étant formés de pilotis ou de pieux d'anciennes digues, qui occasionnent la perte de beaucoup de bateaux.

Il n'y auroit absolument que des digues comme celles de la Loire qui pourroient fixer le lit de la Garonne, où il ne l'est pas par la nature ; mais de pareils ouvrages exigent des sommes énormes. Quel est le but du Gouvernement ? d'établir une bonne navigation sur ce fleuve ; on le peut très-certainement avec les cent vingt mille livres qui sont destinées à cet objet important : il faut que les soixante mille livres que doivent fournir annuellement les États de Languedoc, au lieu de les destiner à quelques foibles ouvrages, le soient à l'indemnité de la suppression des moulins à nefs ; & que les soixante mille livres de fonds faits par le Gouvernement, soient exactement employées au nettoyement du lit du fleuve, à l'entretien des chemins de hâlage, & à placer dans les maigres en basses eaux quelques épis flottans ; alors on sera sûr de remplir incessamment le vœu du navigateur & du commerce.

Mais, quand même la construction des ouvrages dont il s'agit, rempliroit ce vœu, est-il naturel de supposer que l'Intendant d'une province, laquelle a son intérêt particulier, emploiera indifféremment une partie ou la totalité des fonds destinés à la navigation, dans une autre généralité que la sienne ? C'est ce qu'on ne pourra jamais se persuader. On croira encore moins que les États de Languedoc employent leurs fonds à construire des digues à la Gascogne pour défendre son territoire au détriment du leur ; il est dans l'ordre que le dépofitaire de l'autorité accorde fa prédilection à la province dont les intérêts lui font confiés.

Il eft un petit diftrict de la province de Languedoc, enclavé dans la haute Gafcogne, qui, pour la police de la Garonne, fe trouve compris dans le département d'Auch ; la petite ville de Valentine, qui en eft le principal lieu, eft menacée d'être emportée par le fleuve, & la navigation y eft très-dangereufe ; croira-t-on que l'Intendant d'Auch, à fon tour, fe décide à employer les fonds de la navigation dont il peut difpofer, à des ouvrages en Languedoc, quelques urgens qu'ils puiffent être, tandis qu'il eft tant d'endroits fur le rivage de Gafcogne où ils font auffi néceffaires ? Ce feroit abfolument s'abufer d'en avoir la plus foible efpérance : par conféquent on ne doit pas s'attendre à la conftruction d'aucun ouvrage refpectif.

Quand même cette police ne feroit attribuée à chaque Intendant que dans fa généralité, il en réfulteroit toujours de grands inconvéniens, parce qu'il n'eft pas poffible de trouver dans tous ces Magiftrats la même manière de voir pour exercer uniformément la police générale d'un fleuve, où d'une riviere, où la navigation a par-tout le même intérêt, & qui, négligée fur certains points dans un feul endroit feulement de fon cours, rendroit inutile celle qui auroit été bien exercée par-tout ailleurs : chacun a fa maniere d'adminiftrer, dès-lors il ne faut plus compter fur le bien, qui ne peut réfulter que de l'uniformité des opérations. Voilà en quoi l'arrêt du Confeil de 1782, pour la police de la Garonne, a manqué le but effentiel. Auffi n'avoit-on

jamais penſé auparavant à morceler cette police, non
plus que celle établie depuis long-tems ſur la Loire.
La police de la Seine & de ſes affluens, confiée
à la Ville de Paris, n'a jamais été morcelée, quoique, dans ce cas, on auroit beaucoup gagné d'en agir
différemment. Nous ne parlerons pas des autres fleuves
& rivieres, pour leſquels il n'a été fait aucun regle-
ment, & où l'on n'exerce aucune eſpece de police.

Le nouveau réglement pour la Garonne, dont les
diſpoſitions ſont puiſées dans l'ordonnance de 1669,
enregiſtrée dans toutes les Cours, eſt le premier ſur lequel il y ait eu des remontrances des Parlemens de
Toulouſe & de Bordeaux, provoquées par les réclamations des Maîtriſes de ces deux villes. Ces remontrances
ſont mal fondées ; on y confond *LA JURISDICTION ET
LA POLICE* : l'une, qui eſt des Tribunaux ordinaires, &
qui, ſur les rivieres, a été attribuée aux Maîtriſes ;
l'autre, qui a toujours été exercée par les Intendans,
ou par des Officiers de la Navigation, Maires, Éche-
vins, Maîtres des Ports, &c, & que Sa Majeſté peut
confier à qui bon lui ſemble. Le réglement de 1782
ne change rien à la juriſdiction ; il ne s'occupe que de
la police, relativement à la liberté de la navigation. Les
Parlemens y regardent encore ſous un faux point de
vue, & comme bleſſant les droits de propriété, la coupe
des arbres qui rendoient les chemins de hâlage impra-
ticables, tandis que des loix ſolemnelles & la nature
même ont établi ces chemins & aſſurent leur liberté.

Il eſt inconcevable que des Cours ſe ſoient élevées
contre des faits de cette authenticité, & contre des

opérations bienfaisantes du Gouvernement, exécutées avec toute la prudence & la modération poffible, ainfi qu'on vient de le prouver par une multitude de faits dont on ne peut contefter la vérité.

Les Officiers des Eaux & Forêts n'ont jamais exercé fur les fleuves & rivieres la police que les Maîtrifes de Touloufe & de Bordeaux réclament aujourd'hui ; il eft même généralement reconnu que ce font eux-mêmes qui ont contribué à la perte de la navigation, en favorifant par leurs avis les conceffions de moulins, d'ufines, de pêcheries, &c.

En 1783 , M. l'Intendant de Languedoc nous demanda notre avis fur la conceffion de l'emplacement d'un moulin à nefs, faite à un *perruquier* de Grenade ; & nous avons vu que la Maîtrife de l'Ifle-Jourdain avoit donné fon avis pour l'obtention, ainfi que M. l'Intendant d'Auch, fur le rapport, fans doute, de l'Ingénieur en chef des ponts & chauffées, alors Vifiteur-général de la navigation. D'après cette facilité des Maîtrifes à fe prêter à l'introduction de nouveaux écueils fur un fleuve qui en étoit déjà rempli , & en faveur de tout le monde, doit-on être étonné de la multitude de ceux qui fe trouvent fur toutes nos rivieres , & des plaintes qu'ils excitent ?

Depuis le regne de Charles VIII jufqu'à l'année 1783, la police fur la Loire a toujours été exercée par un corps d'Officiers de la navigation ; les avantages qu'on en retiroit étoient tellement reconnus, que ce corps fut maintenu, lors de la réformation des eaux & forêts ; & pendant tout ce laps de tems, il n'y a jamais eu aucune réclamation de la part des Maîtrises. Au surplus, comme nous l'avons dit dans notre ouvrage préliminaire, quelle analogie y a-t-il entre la partie des forêts & celle des rivieres ? Ces deux parties exigent des connoissances entiérement différentes, & chacune d'elles est si importante par elle-même, & d'une étendue si immense, qu'il seroit impossible de les réunir sous une même administration, sans qu'il en résultât les plus grands inconvéniens pour l'une & pour l'autre : aucune puissance, excepté la France, ne s'est jamais avisée de les confier aux mêmes Officiers.

A l'égard des Ingénieurs qui ont été chargés en Gascogne de cette police, depuis le réglement de 1733 jusqu'à celui de 1782, il est prouvé qu'ils ne s'en sont point occupés.

Si l'on considere l'étendue de la police de la navigation intérieure, l'exacte surveillance qu'on doit apporter à cette partie ; les travaux immenses qu'exige l'ouverture de nouvelles routes dans le royaume ; la construction des ponts, digues & quais sur les fleuves & rivieres, & des canaux de navigation ; la construction de nouveaux ports marchands maritimes, même de Roi, dont ces Ingénieurs sont également chargés ; la construction des hôpitaux civils & militaires, cazernes, prisons, presbyteres, places publiques, &c, & les réparations continuelles de tous ces différens objets, il n'y aura personne qui ne reste pleinement convaincu qu'il y a impossibilité morale & physique, que ces Officiers puissent exercer encore la police de la Navigation intérieure, impossibilité reconnue par le réglement de 1782.

D'ailleurs ils n'ont point les connoiſſances qu'exige ce ſervice ; un Artiſte , nous le répétons, n'eſt point un Adminiſtrateur.

Au ſujet des prétentions du Directeur des travaux publics, de la Sénéchauſſée de Toulouſe , à l'exercice de la police ſur la Garonne , la Commiſſion des États a décidé , *que le nettoyement du lit du fleuve , la con-feƈtion des chemins de hâlage , & autres objets relatifs à la liberté de la navigation , étoient des opérations inſtantes , d'autorité , de juriſdiƈtion & de ſouveraineté , qui devoient être aux frais du Roi , qui a ſeul la juriſdiƈtion & la police ; que ces opérations devoient être faites ſur-le-champ par qui le conſervateur trouveroit à propos de commettre.* La lettre de M. de Puymaurin, Syndic-général des États , du 24 Mars 1783 , écrite à M. l'Intendant de Languedoc, porte cette déciſion.

L'ambition des Ingénieurs des ponts & chauſſées les a , plus d'une fois , fait ſortir des bornes que leur preſ-crit leur état, pour opérer dans des parties qui leur ſont étrangeres. Ventabren, Ingénieur des ponts & chauſſées, après le bombardement de Dieppe , en 1694 , fut, par faveur, ſans doute , envoyé dans cette ville, pour en réparer les fortifications & rebâtir les maiſons ; il s'en acquitta ſi mal, que les Normands lui donnerent le nom de M. de Gâte-ville. (*Deſcription géog. & hiſt. de la France , par Piganiol.*) M. de Vauban , cinq ans après, fut chargé de corriger les fautes de cet Ingénieur. Il ſeroit affligeant pour la ſociété , qu'au ſujet de la police des fleuves , rivieres & canaux, ils ſe miſſent dans un pareil cas, tandis qu'ils peuvent lui être, comme ils lui ont été, d'une utilité immense, en se bornant aux fonctions de leur état.

On auroit de la peine à croire qu'un Ingénieur en chef ait pu prendre un bac pour un péage, si on n'en rapportoit la preuve. Le bac de Leyrac, appartenant à M. le Marquis de Chazeron, est celui dont il est question; ce bac occasionnant sans cesse des plaintes de la part d'un particulier de cette ville, l'Intendant ordonna, il y a quelques années, la vérification des faits. L'Ingénieur d'Auch (M. de F...), alors Visiteur-général de la navigation de la Garonne, en dressa procès-verbal, comme s'il s'agissoit d'un péage; & sur son rapport, le Commissaire départi rendit une ordonnance, qui enjoignoit au particulier déjà opprimé, de délivrer un certain espace de terrein, pour faire un port qui facilitât l'abordage des bateaux, comme si le navigateur y avoit été obligé pour acquitter des droits de péage; cette ordonnance enjoignoit en même tems à M. le Marquis de Chazeron de payer ce terrein, à dire d'experts, tandis qu'il ne s'agissoit absolument que d'obliger ce dernier à construire des abords sur les deux rives du fleuve, au sujet de son bac, n'ayant ni ne faisant percevoir aucun péage en ce lieu. Voilà ce qui arrive toujours, quand les hommes ne font pas à leur place.

Les Ingénieurs, dans aucun pays, ne font chargés de la police de la Navigation intérieure. Où il n'y a point d'Officiers particuliers pour l'exercer, elle est confiée aux Commissaires de Marine, dont les connoissances y font assez analogues; mais généralement ce sont les Juges, Maires, Bourg-mestres, Podestats des Villes qui

en

en connoiſſent, & qui ont des Officiers de la Navigation ſous leurs ordres, qui veillent à la police & leur rendent compte de leurs opérations (*a*).

L'Empereur, dans des vues très-louables, a voulu placer de tems en tems d'anciens Officiers militaires dans le corps de magiſtrature des villes. C'eſt une épargne pour la caiſſe des penſions; mais il en réſulte de grands inconvéniens; parce que les Officiers ne ſont pas également propres à être les dépoſitaires des loix & les défenſeurs de l'État. Un ancien militaire, qui a été fait ſénateur de la ville de Linz, veut quitter ce poſte, & redemande ſa penſion militaire, avouant qu'il ne ſauroit ſe mettre au fait des affaires civiles: on penſe que beaucoup d'autres doivent être dans ce cas.

Il eſt, en effet, impoſſible que des hommes qui n'ont fait toute leur vie qu'étudier la tactique & manier l'épée, ſoient en état, après leur retraite, de remplir les fonctions de juges; on doit plutôt chercher à profiter de l'expérience qu'ils ont acquiſe dans leur métier, que de les mettre dans le cas de rendre des mauvais jugemens dans un état pour lequel ils n'ont acquis ni les connoiſſances, ni la pratique néceſſaires, & où il faut décider de la fortune, de l'honneur & de la vie des citoyens.

Il en eſt de même des Ingénieurs des ponts & chauſſées, qui, toute leur vie, n'ayant étudié que les mathématiques & l'architecture, & opéré dans ces par-

______

(*a*) Le détail de ces différentes adminiſtrations ſe trouve dans l'ouvrage préliminaire.

I

ties , ne peuvent certainement avoir des connoiffances pour s'acquitter d'une adminiftration contentieufe.

Il feroit auffi déplacé de la part des officiers de la navigation , de demander d'être chargés des ouvrages d'art fur les fleuves & rivieres , qu'il l'eft de la part des Ingénieurs des ponts & chauffées de prétendre y exercer la police.

Quoiqu'ils foient chargés de la confection des grandes routes , qui eft leur propre partie , en ont-ils pour cela la police ? Quoiqu'on leur ait entiérement confié la conftruction des ouvrages civils des ports maritimes , ils n'en ont pas non plus la police : ainfi il eft inconcevable que parce qu'ils font auffi chargés des ouvrages d'art fur les fleuves & rivieres , ils prétendent à celle qu'on doit y exercer , qui n'eft pas plus de leur fait que celle des ports maritimes. D'ailleurs , la même raifon que nous venons de préfenter pour démontrer l'impoffibilité de confier ce fervice aux Maîtrifes , s'éleve encore plus contre les prétentions des Ingénieurs , attendu que leurs connoiffances y ont beaucoup moins de rapport , & qu'ils fe trouvent également chargés d'une partie immenfe qui exige tous leurs foins.

D'après cet expofé , on ne peut pas foupçonner qu'aucun d'eux prétende encore à cette adminiftration ; & on doit efpérer que le Gouvernement , éclairé fur tous les abus qui naiffent de l'anarchie , dans laquelle elle eft , y remédiera inceffamment.

PLAN GÉNÉRAL D'ADMINISTRATION

DE LA NAVIGATION INTÉRIEURE,

DE SON EXTENSION,

Et des moyens pour subvenir aux dépenses.

Ce n'est point ici un problème, ni un projet systématique que nous présentons au Gouvernement; c'est une opération dont les avantages sont connus de tout le monde, & que tout citoyen désire ardemment pour le bonheur de la nation & la gloire du souverain : on croit que le plan que l'on présente ici est un moyen sûr pour parvenir à ce but.

1°. Réunir toutes les parties de police & d'administration de la Navigation intérieure en un département particulier, & donner le titre d'Intendant général de la Navigation au Magistrat à qui ce département seroit confié.

2°. Établir uniformément six départemens par grand bassin, celui du Rhône, celui de la Garonne, celui de la Loire, celui de la Seine, celui du Rhin & celui de l'Escaut, & nommer un Conservateur-général de la navigation pour chaque département, avec des syndics & patrons jurés, comme il y en a pour celui de la Garonne; département, ainsi que celui de la Loire, qui ont tous les fonds nécessaires pour subvenir à l'exercice de la police & aux appointemens des Officiers : de

plus, attacher à chaque département un Ingénieur &
deux fous-Ingénieurs hydrauliques, & trois eleves. Ce
qu'a fait jufqu'ici le Gouvernement pour ces deux contrées du royaume, met toutes les autres dans le cas
de réclamer les mêmes vues bienfaifantes de Sa Majefté : d'ailleurs, l'intérêt de l'État, à tous égards, exige
avec inftance cette opération générale & uniforme. Il
n'eft befoin pour l'achever, & remplir les différens objets de police fur tous nos fleuves, rivieres & canaux,
que de deux cents mille livres de fonds annuels, en
obligeant les feigneurs péagers, tant qu'ils feront en
poffeffion de ces droits onéreux à l'État, de payer en
argent une contribution, à laquelle ceux de la Garonne
& de la Loire viennent d'être foumis par les nouveaux
réglemens des 17 Juillet 1782 & 23 Juillet 1783, au
lieu des travaux auxquels ils font affujettis, & que le
Roi fe charge de faire exécuter fur tout le cours des
fleuves & rivieres : cette difpofition, l'une des plus fages
de ces réglemens, doit, pour la profpérité du commerce
& le bien de l'État en général, avoir lieu dans tout le
royaume ; ce ne fera que par ce moyen que les péagers rempliront leurs obligations.

3°. Le Confervateur-général de chaque département,
avec les autres Officiers, commenceroit fes opérations
par la vifite générale du cours du fleuve & des rivieres
pour en reconnoître toute l'utilité, le terme de chaque
efpece de navigation & celui du flottage ; fi la navigation pour bateaux & celle pour radeaux, ainfi que le
flottage, feroient fufceptibles d'être prolongés, & jufqu'en quel lieu ; fi les rivieres qui ne font navigables

que pour radeaux, ne pourroient pas le devenir pour
bateaux, ou feulement dans une partie de leur cours;
de même, fi celles qui, n'étant que flottables, ne
peuvent pas être rendues navigables pour bateaux, ne
font pas dans le cas de le devenir au moins pour radeaux; & enfin, pour celles qui ne font ni navigables
ni flottables, quelle efpece de navigation on pourroit y
établir, ou fi elles ne feroient propres qu'au flottage,
ou feulement à l'établiffement d'ufines; quels feroient
les avantages qui réfulteroient de chaque efpece de
navigation, du flottage & ufines qu'on établiroit fur
chaque riviere; quels font les abus qui s'y commettent
& les moyens les plus convenables pour y remédier;
de quelle nature font les obftacles qui gênent ou interrompent le cours des rivieres, les travaux ou indemnité
néceffaires pour les lever, tant dans la partie déjà navigable que dans celle qui ne l'eft pas, & qui eft fufceptible de le devenir, ou d'être rendue flottable (*a*):
reconnoître en même tems les communications qui
tiennent au plan général d'une navigation circulaire bien
ordonnée; & de chaque objet, donner d'abord un état
de dépenfe par approximation.

Cette opération préliminaire à l'extenfion de la Navigation intérieure, eft l'unique moyen pour parvenir à
retirer tous les avantages que nous offrent les rivieres
& le fol précieux de la France. C'eft par cette opération, qui n'a jamais été préfentée avec ce développe-

---

(*a*) Nous n'avons que des notions générales fur les avantages infinis de nos
fleuves & rivieres; nous ne connoiffons bien que les abus qui s'y commettent.

ment (*a*), qu'on reconnoîtra tous les objets du domaine fufceptibles d'acquérir une valeur, ou d'être améliorés par ces différens établiffemens, ou par les eaux des rivieres près defquelles ils fe trouvent fitués ; c'eft par ce travail que le Gouvernement pourra former un plan général de toutes les opérations de ce genre ; c'eft enfin par cet ensemble, qu'on reconnoîtra l'utilité & le dégré de mérite de chaque opération, celles qu'on doit rejetter ou adopter, & celles qui exigent d'abord d'être traitées de préférence, & qu'on pourra établir une Navigation intérieure circulaire dans tout le royaume, & la mettre en correfpondance avec celle des puiffances voifines, fans s'expofer à ouvrir des communications défordonnées.

C'eft alors que les Officiers de la navigation s'occuperont de fon extenfion fur les fleuves & rivieres, objet exactement de police, puifqu'il ne s'agit que de faire lever les obftacles qui fe trouvent naturellement dans leurs lits, ou qui y ont été introduits par la main des hommes ; vérité encore reconnue par le réglement de 1782, pour la police de la Garonne. Pour remplir cet objet, duquel il réfultera en outre le defféchement des marais, il ne fera nullement befoin, après une très-modique avance dont il va être parlé, d'avoir recours aux coffres du Roi, ni à aucune impofition.

(*a*) Les Commiffaires envoyés dans les provinces en 1572, dont parle Scaliger, qui rapporterent qu'on pouvoit rendre navigables un grand nombre de rivieres du royaume, ne s'occuperent, ainfi que ceux de la réformation de 1669, que fuperficiellement de l'opération préliminaire que l'on préfente ici, dont les avantages ne peuvent s'apprécier.

MOYENS.

Il feroit fait, dans chaque département, un emprunt de deux cents mille livres, plus ou moins, fi Sa Majefté ne pouvoit y pourvoir de fes finances, pour faire d'abord une ou deux opérations, en commençant par les plus avantageufes. On payeroit l'intérêt de cette fomme, fur les fonds faits pour l'adminiftration générale de la police, jufqu'à l'entier remboursement, qui fe feroit très-promptement fur le produit de la nouvelle navigation ; mais il eft de la grandeur de Sa Majefté, ainfi que de celle de fon Miniftre des finances, de ne point recourir à l'emprunt d'une auffi médiocre fomme, pour un objet auffi important.

Il feroit affecté à ces opérations les contributions volontaires des contrées riveraines & des grands propriétaires, qui en retireroient des avantages immenfes.

Plus, le produit des ifles & l'augmentation de produit que procureroit l'extenfion de la navigation fur plufieurs objets du domaine du Roi, dont les uns rapportent très-peu, & les autres abfolument rien.

En outre, les droits modérés qui feroient mis fur la nouvelle navigation, fans aucune exemption. Tous ces revenus feroient verfés dans une caiffe particuliere, pour laquelle Sa Majefté créeroit une charge de Tréforier de la Navigation intérieure, dont la finance feroit auffi verfée dans ladite caiffe.

On pourroit employer utilement à ces opérations les troupes qui en feroient à portée, d'où il réfulteroit fans contredit plufieurs avantages pour elles & pour l'État, comme nous l'avons démontré dans notre ouvrage préliminaire, pag. 145 & fuiv.

Voilà les moyens que nous avons d'abord préfentés, & qui certainement fuffiroient pour les opérations dont on vient de donner ici le plan ; mais comme rien n'eft fi important que de les accélérer, nous allons pour cet effet joindre de nouveaux moyens aux premiers, & également réels.

M. Turgot avoit deftiné à cette partie une fomme annuelle de 800,000 livres. Si des circonftances ont obligé depuis d'employer le tout ou partie de cette fomme à d'autres objets, le calme de la paix doit faire efpérer qu'elle pourra être bientôt rendue à fa véritable deftination : on peut d'ailleurs y joindre, pour cette partie, d'autres reffources ; le Gouvernement en a déjà trouvé & employé quelques-unes, & on ne croit pas impoffible d'en indiquer encore de nouvelles.

Si l'on veut, pour accélérer ces travaux importans, augmenter la maffe des fonds, fans augmenter les charges du Tréfor royal, ni celle des peuples, la forme actuelle du brevet de la taille, depuis la déclaration de 1780, & celle même des fecours accordés par le Roi à fes peuples fur cette impofition, paroiffent en offrir des moyens auffi faciles, que juftes.

Parmi les différentes impofitions jointes à la taille, fous le titre de brevet acceffoire avant 1780, il y en avoit plufieurs deftinées à des objets de dépenfes locales & momentanées dans les provinces, dont l'emploi à ces dépenfes a dû ceffer depuis cette déclaration, ou doit

ceffer

ceſſer ſous peu d'années. Le Roi, par ſa déclaration, s'eſt engagé de continuer d'employer ces fonds à d'autres objets utiles aux provinces, lorſque leur emploi actuel feroit ceſſé. Cet engagement a été conſtamment réclamé depuis par tous MM. les Intendans : & l'on ne peut douter que l'intention perſonnelle du Roi ne ſoit de le remplir exactement. Quel emploi plus utile peut-on propoſer des fonds libres de ces impoſitions locales, à meſure qu'ils deviendront diſponibles dans les provinces, que de les deſtiner à la Navigation intérieure ? Ce ſecours feroit peut-être peu conſidérable les premieres années ; mais il doit néceſſairement augmenter ſucceſſivement, & comme on connoît à-peu-près l'époque de ces augmentations, on pourroit régler en conſéquence le tems des nouveaux travaux à entreprendre ſur ces fonds.

Le ſecours annuel d'un million à 1,500,000 livres, verſé par le Roi dans ſes différentes provinces, ſous le titre de travaux de charité, ſur le fond de la taille, peut auſſi offrir un moyen doublement utile pour les travaux de la Navigation intérieure par une augmentation de bras & d'argent. Ces travaux de charité ont principalement pour objet d'offrir des ſalaires aux journaliers dans les ſaiſons mortes de l'année, & dans les pays dépourvus d'autres reſſources. On les emploie le plus ſouvent à des communications vicinales par terre, auxquelles les propriétaires intéreſſés contribuent du tiers ou du quart de la dépenſe, quelquefois même de moitié, pour obtenir la préférence de ces travaux ſur les chemins qui les intéreſſent ; ce qui augmente en même tems pour les journaliers la maſſe des ſecours accordés

K.

par le Roi. On peut également porter fur les rivieres fufceptibles d'établiſſemens de Navigation, les travaux de
charité des paroiſſes voiſines, auxquels les propriétaires
de ces paroiſſes feroient encore plus intéreſſés à contribuer, comme il eſt dit ci-deſſus, pour accélérer l'amélioration conſidérable de leurs fonds par le plus prompt
établiſſement de navigation fur les rivieres, qui, dans
beaucoup d'endroits, diſpenſeroit même de la confection de pluſieurs chemins vicinaux. L'expérience des travaux de la Rochelle a prouvé qu'on pouvoit en même
tems employer utilement aux mêmes ouvrages des troupes
du Roi & des journaliers ſalariés, en les diſtribuant dans
des atteliers différens.

On peut auſſi, pour des travaux plus difficiles ou
dangereux, employer, comme nous l'avons propoſé dans
notre eſſai, des mendians ou des criminels tirés des
maiſons de force. On a craint juſqu'à préſent que les
frais de conduite, de garde & de nourriture, n'abſor-
baſſent l'utilité du travail, auquel on prétend qu'il eſt
ſi difficile de forcer cette eſpece d'hommes. Mais nous
penſons différemment fur l'utilité dont ils feroient pour
ces travaux. Quand l'homme a éprouvé les horreurs de
la captivité indigente, il n'eſt pas d'efforts qu'il ne faſſe
pour recouvrer ſa liberté, & ſe procurer un bien-être. Il
eſt très-probable qu'en haranguant ces hommes, en
gagnant leur confiance par un doux traitement, & en
leur donnant la perſpective de briſer leur chaîne par
une bonne conduite ſuivie, on en feroit du plus grand
nombre, d'honnêtes gens : il faudroit, en conſéquence,
dans chaque attelier, joindre au prêt de ceux qui

travailleroient le plus, suivant leurs forces, une petite gratification, & donner annuellement la liberté à un ou deux d'entr'eux, qui se seroient le mieux conduits, & dans lesquels on auroit d'ailleurs reconnu plus d'honnêteté d'ame. Mais ce dernier moyen ne seroit que très-subsidiaire, après ceux qu'on vient d'indiquer, qui même peuvent dispenser de recourir à l'emprunt proposé.

On conçoit aisément qu'avec tous ces moyens, dont on ne peut contester la réalité, & dont on peut facilement faire usage, qui d'ailleurs n'exigent ni corvées, ni nouvelles impositions, ni aucun secours, pour ainsi dire, du trésor public, on peut très-promptement parvenir à l'exécution du plan général d'administration qui vient d'être tracé, & qui déjà a été favorablement accueilli. On verroit, sous peu d'années, ce département en état, par les fonds qu'il se seroit fait de ses travaux, de fournir aux frais de police & d'entreprendre les plus grandes opérations dans cette partie, qui ne tarderoit pas, non-seulement à être rétablie, mais encore à être portée à sa perfection. Ainsi on doit espérer que sous un monarque qui ne respire que le bien, & sous un ministre des finances déjà convaincu par ses propres connoissances que la liberté & l'extension de la Navigation intérieure sont les seuls moyens d'élever la France au plus haut degré de puissance, le Gouvernement admettra un plan dont l'exécution peu dispendieuse conduit évidemment à cette fin.

F I N.

EXTRAIT des Regiſtres de l'Académie Royale des Sciences.

Du premier Juin 1785.

Nous avons examiné par ordre de l'Académie, MM. le Chevalier de Borda, l'Abbé Boſſut & moi, un ouvrage intitulé : *Mémoire ſur la Navigation intérieure*, par M. Allemand. Ce mémoire eſt deſtiné à ſervir de ſuite à un traité du même auteur, imprimé il y a quelques années, ſous le privilege de l'Académie : il renferme différentes obſervations que l'auteur a eu occaſion de faire dans ſes voyages, & des détails ſur les canaux conſtruits ou projétés, qu'il s'eſt procurés depuis la publication de ſon premier ouvrage. Nous croyons en conſéquence que le mémoire de M. Allemand mérite, comme le premier, de paroître ſous le privilege de l'Académie. Fait au Louvre, ce premier Juin mil ſept cent quatre-vingt-cinq. *Signés*, le Marquis DE CONDORCET, BOSSUT, & le Chevalier DE BORDA.

Je certifie le préſent extrait conforme à ſon original & au jugement de l'Académie. A Paris, ce 6 Juin 1785.

Signé, le Marquis DE CONDORCET.

TABLE.

Fin de la Table.